工业互联网
实施与运维

高 级

主 编　林燕文　刘　超　范洪斌

副主编　陈建华　徐　伟

参 编　于泓涵　张　延　李　晋
　　　　董春华　李　季

质检

江苏徐工信息技术股份有限公司
北京华晟经世信息技术有限公司　组织编写

高等教育出版社·北京

内容简介

本书为工业互联网实施与运维 1+X 证书制度系列教材，以《工业互联网实施与运维职业技能等级标准（高级）》为依据，由江苏徐工信息技术股份有限公司与北京华晟经世信息技术有限公司组织编写。

本书的编写围绕工业互联网典型工作场景——设备及产品管理，主要面向工业云平台研发、工业云平台应用系统集成、工业互联网应用等企业的技术支持、方案解决、系统运维、技术研发等部门，使学习者能根据项目要求和相关指导文件，从事工业现场数据采集和上云、工业云平台应用编程、调试、优化、可视化开发等工作，完成工业数据采集设备部署、工业设备联网、工业现场数据上云实施、工业云平台应用编程与调试、工业数据边缘处理编程与调试、工业 APP 编程与调试、实施方案设计等任务。全书内容包括 5 个项目，分成 11 个任务，以汽车生产线案例的工业互联网实施与运维过程为主线，主要包括项目引入、知识图谱、知识学习、任务实施以及项目总结（技能图谱）等模块。

本书配有微课视频、课程标准、授课计划、电子课件（PPT）、单元测评以及题库等数字化学习资源。与本书配套的数字课程"工业互联网实施与运维"已在"智慧职教"网站（www.icve.com.cn）上线，学习者可以登录网站进行在线学习及资源下载，授课教师可以调用本课程构建符合自身教学特色的 SPOC 课程，详见"智慧职教"服务指南。教师也可发邮件至编辑邮箱 1548103297@qq.com 获取相关教学资源。

本书可作为工业互联网实施与运维 1+X 证书的高级认证相关教学和培训教材，也可作为期望从事工业互联网实施与运维工作的人员自学参考书。

图书在版编目（CIP）数据

工业互联网实施与运维：高级 ／ 林燕文，刘超，范洪斌主编；江苏徐工信息技术股份有限公司，北京华晟经世信息技术有限公司组织编写 . --北京：高等教育出版社，2021.4

ISBN 978-7-04-055863-0

Ⅰ.①工⋯ Ⅱ.①林⋯ ②刘⋯ ③范⋯ ④江⋯ ⑤北⋯ Ⅲ.①互联网络-应用-工业发展-高等职业教育-教材 Ⅳ.①F403-39

中国版本图书馆 CIP 数据核字（2021）第 040471 号

Gongye Hulianwang Shishi yu Yunwei（Gaoji）

策划编辑 刘子峰	责任编辑 傅 波	封面设计 赵 阳	版式设计 杨 树
插图绘制 黄云燕	责任校对 刁丽丽	责任印制 赵 振	

出版发行	高等教育出版社	网 址	http://www.hep.edu.cn
社 址	北京市西城区德外大街 4 号		http://www.hep.com.cn
邮政编码	100120	网上订购	http://www.hepmall.com.cn
印 刷	高教社（天津）印务有限公司		http://www.hepmall.com
开 本	787 mm×1092 mm 1/16		http://www.hepmall.cn
印 张	17.5		
字 数	370 千字	版 次	2021 年 4 月第 1 版
购书热线	010-58581118	印 次	2021 年 4 月第 1 次印刷
咨询电话	400-810-0598	定 价	56.80 元

本书如有缺页、倒页、脱页等质量问题，请到所购图书销售部门联系调换

版权所有 侵权必究

物 料 号 55863-00

"智慧职教" 服务指南

"智慧职教"是由高等教育出版社建设和运营的职业教育数字教学资源共建共享平台和在线课程教学服务平台，包括职业教育数字化学习中心平台（www.icve.com.cn）、职教云平台（zjy2.icve.com.cn）和云课堂智慧职教 App。用户在以下任一平台注册账号，均可登录并使用各个平台。

- 职业教育数字化学习中心平台（www.icve.com.cn）：为学习者提供本教材配套课程及资源的浏览服务。

登录中心平台，在首页搜索框中搜索"工业互联网实施与运维"，找到对应作者主持的课程，加入课程参加学习，即可浏览课程资源。

- 职教云（zjy2.icve.com.cn）：帮助任课教师对本教材配套课程进行引用、修改，再发布为个性化课程（SPOC）。

1. 登录职教云，在首页单击"申请教材配套课程服务"按钮，在弹出的申请页面填写相关真实信息，申请开通教材配套课程的调用权限。

2. 开通权限后，单击"新增课程"按钮，根据提示设置要构建的个性化课程的基本信息。

3. 进入个性化课程编辑页面，在"课程设计"中"导入"教材配套课程，并根据教学需要进行修改，再发布为个性化课程。

- 云课堂智慧职教 App：帮助任课教师和学生基于新构建的个性化课程开展线上线下混合式、智能化教与学。

1. 在安卓或苹果应用市场，搜索"云课堂智慧职教"App，下载安装。

2. 登录 App，任课教师指导学生加入个性化课程，并利用 App 提供的各类功能，开展课前、课中、课后的教学互动，构建智慧课堂。

"智慧职教"使用帮助及常见问题解答请访问 help.icve.com.cn。

工业互联网实施与运维（高级）
编审委员会

前　言

一、起因

自 2017 年 11 月国务院发布《关于深化"互联网+先进制造业"发展工业互联网的指导意见》以来，国内工业互联网快速发展，在各行业取得了很好的成果。2020 年年初，工业互联网作为"新基建"之一再次得到各界关注，成为推动数字经济发展、制造业数字化转型的重要抓手。

工业互联网的高速发展对行业人才不断提出新的要求，工业互联网人才的缺乏已经成为制约我国工业互联网创新发展的重要因素。2019 年 2 月国务院出台了《国家职业教育改革实施方案》，在职业院校、应用型本科高校启动"学历证书+若干职业技能等级证书"制度试点，也就是"1+X"证书制度试点工作。工业互联网实施与运维"1+X"证书建设，将在实践中加快推动院校的工业互联网人才培养，为工业互联网人才培养不断地提供突破口。

工业互联网实施与运维职业技能等级证书主要面向工业互联网领域应用和研发机构、企事业单位的技术和服务等部门及岗位，主要完成工业网络设备部署与连接、工业现场数据采集实施与运维、工业现场数据上云实施与运维、云平台算法建模应用、工业数据边缘处理应用、工业 APP 开发与发布、工业云平台技术支持等工作。

- 初级：主要面向工业云平台应用系统集成企业、工业互联网应用企业等的技术支持、功能测试等部门，能根据项目要求和相关指导文件，从事工业数据采集设备安装、工业设备联网接线和通信测试等工作，完成工业数据采集设备部署和连接、工业现场数据采集、工业现场数据上云实施准备等内容。

- 中级：主要面向工业云平台研发企业、工业云平台应用系统集成企业、工业互联网应用企业等的技术支持、方案解决、系统运维等部门，能根据项目要求和相关指导文件，从事工业云平台应用编程、调试和维护等工作，完成工业数据采集设备部署、工业设备联网、工业现场数据上云实施、工业云平台应用编程与调试、工业数据边缘处理编程与调试等内容。

- 高级：主要面向工业云平台研发企业、工业云平台应用系统集成企业、工业互联网应用企业等的技术支持、方案解决、系统运维、技术研发等部门，能根据项目要求和相关指导文件，从事工业现场数据采集和上云、工业云平台应用编程、调试、优化、可视化开发等工作，完成工业数据采集设备部署、工业设备联网、工业现场数据上云实施、工业云平台应用编程与调试、工业数据边缘处理编程与调试、工业APP编程与调试、实施方案设计等内容。

二、本书结构

本书以《工业互联网实施与运维职业技能等级标准（高级）》为编写依据，结合时下主流技术，对工业互联网实施与运维的技术架构和应用方法进行了梳理。结合汽车生产线上云改造的案例，复现工业互联网典型工作场景——设备及产品管理，完成从工业现场数据采集，到采集数据上云，并采用边缘计算或算法建模对采集的数据进行分析和处理，通过工业APP实现工业数据实时可视化的全流程。

全书共分为5个项目，结构如图1所示。

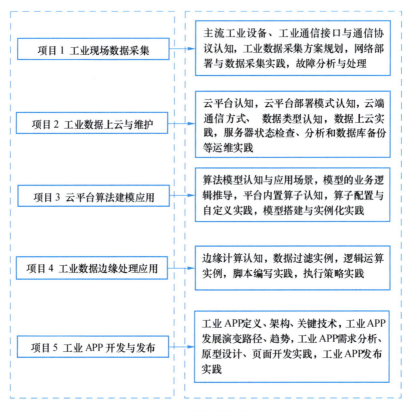

图 1　教材结构图

本书按照教育部"一体化设计、结构化课程、颗粒化资源"的建构逻辑，系统地规划了教材的结构体系，课程以学习行为为主线，主要包括项目引入、知识图谱、知识学习、任务实施以及项目总结（技能图谱）等模块。

● 项目引入：结合典型案例，让教材内容更接近行业、企业和生产实际。

- 知识图谱和项目总结：强调知识输入，经过任务的解决和训练，再到技能输出，采用"两点、两图"的方式梳理知识和技能，在项目中清晰描绘出该项目所覆盖和需要的知识点，在项目最后总结出任务训练所能获得的技能图谱。
- 知识学习和任务实施：以解决任务为驱动，体现"做中学、学中做"的特点，加强实践，使学生在完成工作任务的过程中学习相关知识。

三、内容特点

1. 书证融合，赋能工业互联网人才培养

本书为工业互联网实施与运维"1+X"职业技能等级证书配套教材，为适应"1+X"证书制度试点工作需要，将职业技能等级标准有关内容及要求有机融入教材，推进书证融通、课证融通；行业特点鲜明，以典型工作任务为载体组织教学，紧跟行业企业新技术步伐赋能工业互联网人才培养。

2. 层次分明，衔接合理

本套书分为初级、中级、高级3册，由浅入深依次递进，更有利于发挥学生的专业特长，达到"理解架构、了解过程、熟悉操作"的主旨，培养综合性跨学科人才。

3. 任务驱动，贴合行业

本书遵循"任务驱动、项目导向"，以汽车生产线案例的工业互联网实施与运维过程为主线，设置一系列学习任务，便于教师采用项目教学法引导学生学习，改变理论与实践相分离的传统教材组织方式，让学生一边学习理论知识，一边操作实训，加强感性认识；采用活页式编排，便于随时补充最新的技术内容、生动的项目案例和实践内容，保证教学内容与产业前沿技术同步。

4. 资源丰富，形式新颖

本书配套微课视频、课程标准、授课计划、电子课件（PPT）、单元测评以及题库等数字化学习资源。与本书配套的数字课程"工业互联网实施与运维"已在"智慧职教"网站（www.icve.com.cn）上线，学习者可以登录网站进行在线学习及资源下载，授课教师可以调用本课程构建符合自身教学特色的SPOC课程，详见"智慧职教"服务指南。教师也可发邮件至编辑邮箱1548103297@qq.com获取相关教学资源。

四、教学建议

教师可以通过本书和课程网站上丰富的资源完善自己的教学过程，学生也能通过本书和资源进行自主学习与测验。一般情况下，教师可用48学时进行理论与实践的讲解，并进行1周的综合实训，具体学时分配建议见表1。

数字课程

表1　课程学时分配表

序　号	内　　　容	分配学时建议	
		理　　论	实　　践
1	项目1　工业现场数据采集	4	6

续表

序　号	内　　　容	分配学时建议	
		理　　论	实　　践
2	项目 2　工业数据上云与维护	2	10
3	项目 3　云平台算法建模应用	2	8
4	项目 4　工业数据边缘处理应用	2	6
5	项目 5　工业 APP 开发与发布	2	6
6	工业互联网实施与运维综合实训	—	1 周
合计		12	36+1 周

五、致谢

　　本书由江苏徐工信息技术股份有限公司与北京华晟经世信息技术有限公司组织编写，北京华晟经世信息技术有限公司的林燕文、南京理工大学泰州科技学院的刘超、江西制造职业技术学院的范洪斌担任主编，重庆工业职业技术学院的陈建华、枣庄学院的徐伟担任副主编，黄河水利职业技术学院等院校的张延、李晋、董春华、李季、于泓涵等参与编写。

　　在本书的编写过程中，北京航空航天大学、东华理工大学、常州信息职业技术学院、北京华晟经世信息技术有限公司等院校和企业提供了许多宝贵的建议和意见，给予编写工作大力支持及指导，在此郑重致谢。

　　由于技术发展日新月异，加之编者水平有限，书中不妥之处在所难免，恳请广大读者批评指正。

编　者
2021 年 2 月

目　录

教材项目设计

微课 0-1
教材项目设计

近几年工业互联网的快速发展，使得工业数据上云成为可能。通过云端在线访问，用户可以随时随地查阅工厂和企业的实时生产数据，这不仅提高了工作效率，也为未来的无人化工厂提供了基础。

通常，工业互联网实施与运维过程包含如下工作内容：

① 工业数据采集设备部署与连接：根据网络拓扑图，完成工业数据采集设备网络部署。

② 工业现场数据采集：根据业务需求，进行工业数据采集方案规划，并完成工业互联网网关的配置以及采集数据的配置、测试与验证。

③ 工业数据边缘处理应用：根据业务需求，对采集的工业数据进行边缘处理。

④ 工业现场数据上云：将采集的工业数据上传到云平台，并对工业互联网网关、工业设备、工业数据进行管理。

⑤ 云平台算法建模应用：根据业务需求，在云平台搭建算法模型，完成算法模型实例化，对模型进行验证。

⑥ 工业 APP 开发与发布：根据业务需求，进行工业 APP 的开发与发布。

工业互联网实施与运维过程如图 0-1 所示。

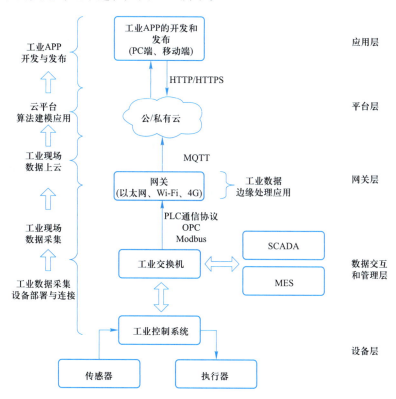

图 0-1　工业互联网实施与运维过程

本教材就以国内某汽车生产线改造项目为例，详细介绍工业互联网在现实工业场景中的完整应用过程。

现有一条汽车生产线，欲对其进行上云改造，以实现远程实时展示设备温湿度、运行效率的项目需求。需要展示的页面效果和需求数据如图0-2所示。

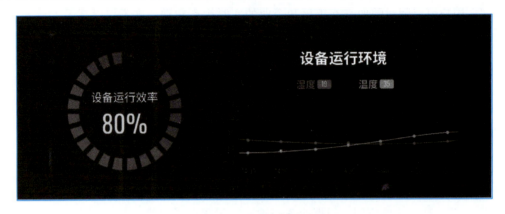

图0-2　项目需求页面

本教材的内容设计以《工业互联网实施与运维职业技能等级标准（高级）》为根据，工业互联网实施与运维中的工作任务内容以工业互联网实施与运维实训平台为实训载体，如图0-3所示。

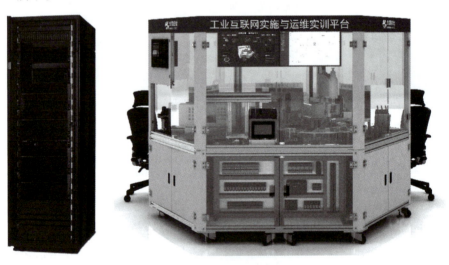

图0-3　工业互联网实施与运维实训平台

项目1 工业现场数据采集

【项目引入】

项目开展之初，要先实现数字化，将工业设备运行数据采集上来。

由于汽车生产线不具备上云的硬件环境，在项目实施时，需要进行工业数据采集设备的部署与连接，关联工业设备与网关，最终将工业现场数据采集至网关，如图 1-1 中虚线框区域所示。

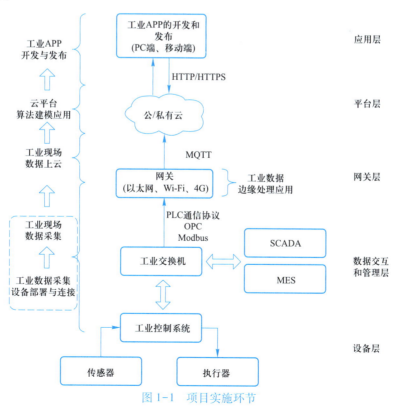

图 1-1　项目实施环节

根据项目需求，在云平台上要展示环境温湿度、设备综合效率等信息，并需要采集机床 X 轴、Y 轴、Z 轴坐标位置。分析如下：

① 温度、湿度通过传感器即可采集。

② 设备综合效率需计算，相关公式如下：

设备综合效率＝合格率×开机率×性能率

合格率＝（良品数÷总产量）×100%

开机率＝（开机时长÷计划生产时长）×100%

性能率＝（生产线运行速度÷生产线理论速度）×100%

已知生产线的理论速度为 60 辆/小时，生产线的计划生产时长为 3 小时，其他数据需要采集。

③ 机床 X 轴、Y 轴、Z 轴坐标位置可通过 CNC 系统采集。

可得工业数据采集变量点表，见表 1-1。

表 1-1　工业数据采集变量点表

数 据 变 量	变 量 单 位	数 据 类 型	采 集 周 期
温度	℃	Real	30 秒
湿度	%	Real	30 秒
已合格产品数量	辆	DInt	30 秒
总生产数量	辆	DInt	30 秒
开机时长	小时	Real	30 秒
生产线运行速度	辆/小时	DInt	30 秒
机床 X 轴位置	mm	Real	30 秒
机床 Y 轴位置	mm	Real	30 秒
机床 Z 轴位置	mm	Real	30 秒

【知识图谱】

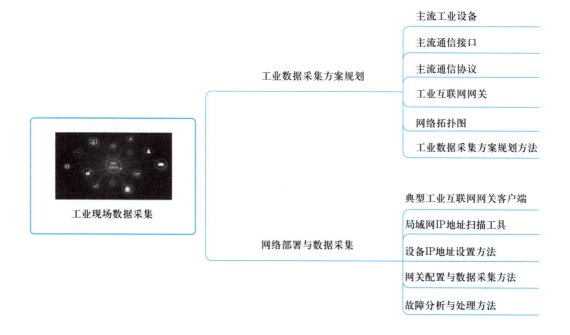

任务 1.1　工业数据采集方案规划

【任务描述】

明确数据采集需求，仅仅是项目工作的第一步。本任务主要对汽车生产线的需求进行分析，完成数据采集架构、网络拓扑的规划。

数据采集需要怎样的硬件设备？需要怎样的配套软件？

面对多类型、多品牌的工业设备，要怎么选择工业设备与网络设备间的通信协议？使用怎样的通信接口？

使用怎么样的网络拓扑结构？如何进行网络连通测试？

以上这些问题，都将在本任务中来解答。

【知识学习】

微课 1-1
主流工业设备认知

1.1.1　主流工业设备

工业互联网边缘层是整个工业互联网平台的主要数据来源，是工业互联网平台的基础。数控机床、工业机器人、可编程控制器等是在实际工业现场常见的工业设备。

1. 可编程逻辑控制器

可编程逻辑控制器（Programmable Logic Controller，PLC）是专门为在工业环境下应用而设计的数字运算操作电子系统，它采用一种可编程的存储器，在其内部存储执行逻辑运算、顺序控制、定时、计数和算术运算等操作的指令，通过数字式或模拟式的输入输出来控制各种类型的机械设备或生产过程。西门子 S7-1200 系列 PLC 如图 1-2 所示。

图 1-2　西门子 S7-1200 系列 PLC

PLC 作为工业自动化领域最常用的控制器，通常用来与工业机器人配合共同完成特定的生产控制任务。PLC 主要由 CPU 模块、输入模块、输出模块、存储器和电源模块等组成，PLC 应用系统的结构组成如图 1-3 所示，PLC 组成模块说明见表 1-2。

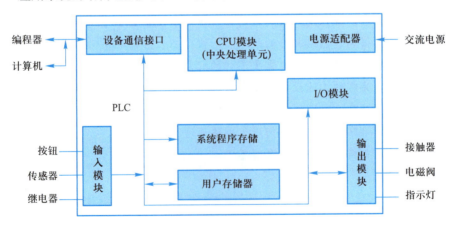

图 1-3　PLC 应用系统结构组成

表 1-2　PLC 组成模块说明

模　块	说　明
电源模块	为 PLC 运行提供内部工作电源
CPU 模块 （中央处理单元）	PLC 中央处理单元，PLC 的主要性能（如速度、规模）都由其性能来体现
存储器	主要存储用户程序，在结构上存储器都是附加在 CPU 模块中，部分存储器还为系统提供额外的工作内存
I/O 模块	集成了 I/O 电路，并根据点数及电路类型可划分为不同规格的模块，包括 DI、DO、AI、AO 等
通信模块	接入 PLC 后，可以使 PLC 与计算机，或 PLC 与 PLC 进行通信，部分通信模块还可以实现与其他控制部件（如变频器、温控器等）通信，或组成局部网络。通信模块代表 PLC 的组网能力，是 PLC 性能的重要体现

目前，PLC 在国内外已广泛应用于钢铁、石油、化工、电力、建材、机械制造、汽车、轻纺、交通运输、环保及文化娱乐等各个行业，使用情况大致可归纳为开关量的逻辑控制、模拟量控制、运动控制、过程控制、数据处理、通信及联网等。

2. 数字控制机床

数字控制机床（Computer Numerical Control Machine Tools）简称数控机床，是一种装有程序控制系统的自动化机床，是集机床、计算机、电机及拖动、自动控制、检测等技术为一体的自动化设备，可按照要求自动将零件加工出来，无须人工操作。数控机床较传统机床而言，具有柔性高、精度高、生产率高、稳定性高、可靠性高、自动化程度高、适应性强等多重优点，是现代机床控制技术的发展方向，是一种典型的机电一体化产品。图 1-4 所示为 CK6185 系列数控机床。

图 1-4　CK6185 系列数控机床

数控机床一般由下列几部分组成：

加工程序载体：数控机床工作时，通过编制加工程序，对数控机床进行控制。将零件加工程序用一定的格式和代码存储在一种程序载体上，通过数控机床的输入装置，将程序信息输入到 CNC 单元。

机床主体：包括机床身、立柱、主轴、进给机构等机械部件，是用于完成各种切削加工的机械部件。

数控装置：主要由输入、处理和输出 3 个基本部分构成，是数控机床的核心，用于输入数字化的零件程序，并完成输入信息的存储、数据的变换、插补运算以及实现各种控制功能。

伺服系统：包括驱动装置和执行机构两大部分，用于实现数控机床的进给伺服控制和主轴伺服控制。伺服系统的作用是接收来自数控装置的指令信息，经功率放大、整形处理后，转换成机床执行部件的直线位移或角位移运动。

辅助装置：是指数控机床的一些必要的配套部件，用以保证数控机床的运行，如冷却、排屑、润滑、照明、检测等，一般包括液压和气动装置、排屑装置、交换工作台、数控转台和数控分度头，还包括刀具及监控检测装置等。

3. 工业机器人

工业机器人是面向工业领域的多关节机械手或者多自由度机器人，它的出现是为了解放人工劳动力、提高企业生产效率。工业机器人的基本组成结构是实现机器人功能的基础。工业机器人系统由机器人本体、示教器、示教器通信线、机器人控制器、数据交换电缆、电机驱动电缆和电源供电电缆组成，如图 1-5 所示。相关组成单元的说明见表 1-3。

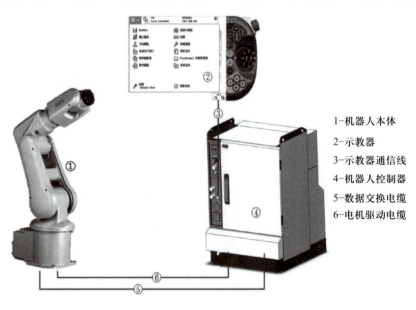

1-机器人本体
2-示教器
3-示教器通信线
4-机器人控制器
5-数据交换电缆
6-电机驱动电缆

图 1-5　工业机器人系统构成

表 1-3　机器人组成说明

序号	名　称	说　明
1	机器人本体	本体部分由机械臂、驱动装置、传动单元组成
2	示教器	用于控制工业机器人，是一种专用的智能终端装置
3	示教器通信线	控制器连接示教器的通信电缆
4	机器人控制器	根据指令以及传感信息控制机器人完成一定动作的装置，是决定机器人作用和功能的主要部件
5	数据交换电缆	连接机器人与控制器传输信号或数据的电缆，也称编码器电缆
6	电机驱动电缆	控制器与机器人的电机上电电缆，用于驱动电机

4. 人机界面

人机界面（Human Machine Interface，HMI）可以连接可编程逻辑控制器（PLC）、变频器、直流调速器、仪表等工业控制设备，利用显示屏显示，通过输入单元（如触摸屏、键盘、鼠标等）写入工作参数或输入操作命令，是实现人与机器信息交互的数字设备。例如在工厂里，采集各个区域的温度、湿度以及机器的状态等信息，通过一台主控器监视和记录这些参数，并在参数超出临界值时进行报警，通知操作员处理。西门子 TP277 系列 HMI 如图 1-6 所示。

图 1-6　西门子 TP277 系列 HMI

人机界面产品由硬件和软件两部分组成。硬件部分包括处理器、显示单元、输入单元、通信接口、数据存储单元等，其中处理器的性能决定了 HMI 产品的性能，是 HMI 的核心单元。根据 HMI 的产品等级不同，处理器可分别选用 8 位、16 位、32 位的处理器。HMI 软件一般分为两部分，即运行于 HMI 硬件中的系统软件和运行于 PC（个人计算机）Windows 操作系统下的画面组态软件。使用者必须先使用 HMI 的画面组态软件制作"工程文件"，再通过 PC 和 HMI 产品的串行通信口，把编制好的"工程文件"下载到 HMI 的处理器中运行。

1.1.2　主流通信接口

微课 1-2
主流通信接口及协议

通信接口是设备用于信号传输的通道，包括声音、画面等资料的传输。在安防监控系统中的通信接口主要是指视频、音频的输入输出。所以通信接口一般有 RS-232、RS-485、RJ45 通用网络接口，可支持 PSTN、ISDN 以及 LAN 各种联网环境，具有 USB2.0 超高速数据接口，可连接计算机对重要图像资料进行备份，可选配具有逐行扫描 VGA 输出接口等。

1. RS-485 总线通信接口

RS-485（常简写成 RS485）采用半双工工作方式，支持多点数据通信。RS485 总线网络拓扑一般采用终端匹配的总线型结构，即采用一条总线将各个节点串接起来，不支持环形或星形网络。RS485 采用平衡发送和差分接收，因此具有抑制共模干扰的能力，加上总线收发器具有高灵敏度，能检测低至 200 mV 的电压，故传输信号能在千米以外得到恢复。RS485 最常见的应用是在工业环境下可编程逻辑控制器内部之间的通信。

RS485 的最大通信距离约为 1 219 m，最大传输速率为 10 Mbit/s，传输速率与传输距离成反比，在 10 Kbit/s 的传输速率下，才可以达到最大的通信距离，如果需传输更长的距离，需要加 485 中继器。如果需要使用星形结构，就必须使用 485 中继器或者 485 集线器。RS485 总线一般最多支持 32 个节点，如果使用特制的 485 芯片，可以达到 128 个或者 256 个节点，最多的可以支持到 400 个节点。RS485 接口如图 1-7 所示。

图 1-7　RS-485 接口示例

2. RS-232 串口通信接口

RS-232 标准接口（又称 EIA RS-232，常简写成 RS232）是常用的串行通信接口标准之一。它是由美国电子工业协会（EIA）联合贝尔系统公司、调制解调器厂家及计算机终端生产厂家于 1970 年共同制定，其全名是"数据终端设备（DTE）和数据通信设备（DCE）之间串行二进制数据交换接口技术标准"。

在 RS232 标准中，字符是以一个接一个地串行（Serial）方式传输，传输线少，配线简单，传送距离可以较远。最常用的编码格式是异步起停（Asynchronous Start-stop）格式，它使用 1 比特（bit）起始，后面紧跟 7 或 8 比特数据，然后是可选的奇偶校验比特，最后是 1 个或 2 个停止比特，所以发送一个字符至少需要 10 比特，发送信号的速率全部以 10 比特划分。

RS232 串口通信接口的信号电平值较高，易损坏接口电路的芯片。RS232 接口的任何一条信号线的电压均为负逻辑关系。接口使用一根信号线和一根信号返回线构成共地的传输形式。这种共地传输容易产生共模干扰，所以抗噪声干扰性弱，传输距离有限，最大传输距离的标准值约为 15 m。RS232 接口如图 1-8 所示。

(a) 母头　　　　　　　　　(b) 公头

图 1-8　RS-232 接口示例

3. RJ45 网络通信接口

RJ45 是布线系统中信息插座（即通信引出端）连接器的一种，连接器由插头（接头、水晶头）和插座（模块）组成，插头有 8 个凹槽和 8 个触点。RJ 是 Registered Jack 的缩写，意思是"注册的插座"。在美国联邦通信委员会（FCC）的标准和规章中，RJ 是描述公用电信网络的接口，计算机网络的 RJ45 是标准 8 位模块化接口的俗称。RJ45 接口如图 1-9 所示。

图 1-9　RJ45 网络接口示例

RJ45 的连接方式有两种，一种是直连，另外一种是交叉线连接，分别对应两个标准 EIA/TIA-568-A（568A）和 EIA/TIA-568-B（568B），但实际使用中以后者居多。568A 的排线顺序从左到右依次为白绿、绿、白橙、蓝、白蓝、橙、白棕、棕；568B 为橙白、橙、绿白、蓝、蓝白、绿、棕白、棕。568A 与 568B 排线顺序如图 1-10 所示。交叉线是指一端是 568A 标准，另一端是 568B 标准的双绞线。直连线则指两端都是 568A 或都是 568B 标准的双绞线。

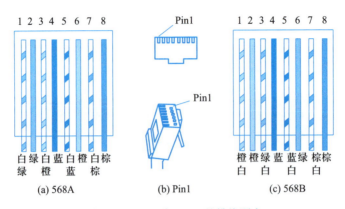

图 1-10　568A 与 568B 的排线顺序

1.1.3　主流通信协议

通信协议又称通信规程，是指通信双方对数据传送控制的一种约定。约定中包括对数据格式、同步方式、传送速度、传送步骤、检验纠错方式以及控制字符定义等问题的统一规定，通信双方必须共同遵守，它也叫做链路控制规程。

1. Modbus 通信协议

Modbus 是一种串行通信协议，由 Modicon（现为施耐德电气公司的一个品牌）在 1979 年发明的，其目的是采用一根双绞线与许多设备进行通信，是全球第一个真正用于工业现场的总线协议。Modbus 已经成为工业领域通信协议的业界标准，并且现在是工业电子设备之间常用的连接方式。

Modbus 协议是一项应用层报文传输协议，包括 ASCII、RTU、TCP 3 种报文类型。控制器能设置为两种传输模式（ASCII 或 RTU）中的任何一种在标准的 Modbus 网络通信。Modbus ASCII、Modbus RTU 之间的差别见表 1-4。

表 1-4　Modbus ASCII 与 Modbus RTU 对比

通信协议	开始标记	结束标记	校验	传输效率	程序处理
Modbus ASCII	:（冒号）	CR，LF	LRC	低	直观，简单，易调试
Modbus RTU	无	无	CRC	高	稍复杂

而 Modbus TCP 指的是在以太网上进行 Modbus 通信，不管是在以太网还是在 485、232 串口，都可以使用 RTU 或者 ASCII 进行 Modbus 通信。

Modbus 协议特点：

- 公开发布，无版权要求。
- 支持多种电气接口，如 RS232、RS485 等。

- 支持多种传输介质，如双绞线、光纤、无线等。
- 帧格式简单、紧凑，通俗易懂。

2. OPC 通信协议

过去，为了存取现场设备的数据信息，每一个应用软件开发商都需要编写专用的接口函数。由于现场设备的种类繁多，且产品不断升级，往往给用户和软件开发商带来巨大的工作负担，通常这样也不能满足工作的实际需要。因此，系统集成商和开发商急切需要一种具有高效性、可靠性、开放性、可互操作性，即插即用的设备驱动程序。在这种情况下，OPC 标准应运而生。

OPC（OLE for Process Control）技术是指为了给工业控制系统应用程序之间的通信建立一个接口标准，在工业控制设备与控制软件之间建立统一的数据存取规范。它给工业控制领域提供了一种标准数据访问机制，将硬件与应用软件有效地分离开来，是一套与厂商无关的软件数据交换标准接口和规程，主要解决过程控制系统与其数据源的数据交换问题，可以在各个应用之间提供透明的数据访问。OPC 通信协议的典型应用如图 1-11 所示。

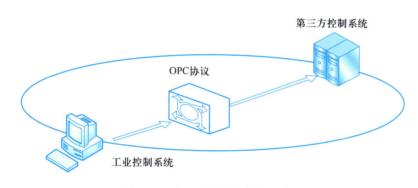

图 1-11　OPC 通信协议的典型应用

OPC 规范规定了两种通信方式：同步通信方式和异步通信方式。其整个数据读取工作可以描述如下：

同步通信方式下，OPC 客户程序对 OPC 服务器进行相关操作时，OPC 客户程序必须等到 OPC 服务器对应的操作全部完成以后才能返回，在此期间 OPC 客户程序一直处于等待状态，如进行读操作，那么必须等待 OPC 服务器完成读后才返回。因此在同步通信时，如果有大量数据进行操作或者有很多 OPC 客户程序对 OPC 服务器进行读、写操作，必然造成 OPC 客户程序的阻塞现象。因此，同步通信适用于 OPC 客户程序较少、数据量较小的场合。

异步通信方式下，OPC 客户程序对服务器进行相关操作时，OPC 客户程序操作后立刻返回，不用等待 OPC 服务器的操作，可以进行其他操作。当 OPC 服务器完成操作后再通知 OPC 客户程序，如进行读操作，OPC 客户程序通知 OPC 服务器后离开返回，不等待

OPC 服务器的读完成，而 OPC 服务器完成读后，会自动通知 OPC 客户程序，把读取结果传送给 OPC 客户程序。因此相对于同步通信，异步通信的效率更高，适用于多客户访问同一 OPC 服务器和数据量较大的场合。

3. 西门子 S7 通信协议

S7 通信协议是西门子 S7 系列 PLC 内部集成的一种通信协议。它是一种运行在传输层之上（会话层/表示层/应用层）、经过特殊优化的通信协议，其信息传输可以基于 MPI 网络、PROFIBUS 网络或者以太网。S7 通信协议的参考模型见表 1-5。

表 1-5　S7 通信协议的参考模型

层	OSI 模型	S7 模型
7	应用层	S7 通信
6	表示层	S7 通信
5	会话层	S7 通信
4	传输层	ISO-ON-TCP（RFC1006）
3	网络层	IP
2	数据链层	以太网/FDL/MPI
1	物理层	以太网/RS485/MPI

S7 通信支持以下两种方式：

（1）基于客户端（Client）/服务器（Server）的单边通信

客户端（Client）/服务器（Server）模式是最常用的通信方式，也称作 S7 单边通信。在该模式中，只需要在客户端一侧进行配置和编程，服务器一侧只需要准备好需要被访问的数据，不需要任何编程（服务器的"服务"功能是硬件提供的，不需要用户软件的任何设置）。

（2）基于伙伴（Partner）/伙伴（Partner）的双边通信

伙伴（Partner）/伙伴（Partner）通信模式也称为 S7 双边通信，也有人称其为客户端（Client）/客户端（Client）模式。不管是什么名字，该通信方式有如下几个特点：

- 通信双方都需要进行配置和编程。
- 通信需要先建立连接。主动请求建立连接的是主动伙伴（Active Partner），被动等待建立连接的是被动伙伴（Passive Partner）。
- 当通信建立后，通信双方都可以发送或接收数据。

1.1.4　工业互联网网关

1. 工业互联网网关定义

工业互联网网关（以下简称网关）简单来说就是从一个网络环境连接到另一个网络环境的一种面向工业应用的装置或设备。例如，从 RS485 网络环境连接到以太网网络环境的一种面向工业应用的装置或设备，这个工业装置或设备就是网关。网关关系图谱如图 1-12 所示。网关的作用是连接两个或多个异构的网络，使之能够相互通信，将异构传感网络融入工业互联网，在工业现场多种总线协议与要求的通信协议之间进行协议转换，实现不同协议之间的数据交互。

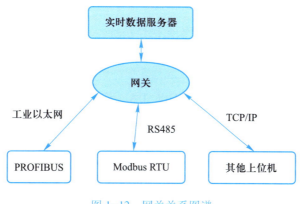

图 1-12　网关关系图谱

2. 典型工业互联网网关设备

目前，典型的工业互联网网关有航天云网 INDICS EDGE 网关、徐工信息的汉云 Box 系列网关等。

（1）INDICS EDGE 网关

INDICS EDGE 是航天云网公司研制的一款连接 INDICS 云平台的网关，提供采集、转换、处理和传输不同品牌厂商工业设备数据、工厂 OT 组网和通信协议转换等功能模块。网关内置 INDICS 云平台 API，使用者无须进行二次开发即可实现与 INDICS 云平台云制造应用、工业大数据应用的无缝集成，为生产制造企业提供了工业设备连接并使用 INDICS 云平台服务的便捷方式。另外，它提供的边缘应用、边缘计算功能，实现了工业现场的边缘计算和 INDICS 云平台的云计算服务结合应用，并能及时处理现场信息，降低数据传输量及占用的网络带宽。INDICS EDGE 6000 网关如图 1-13 所示。

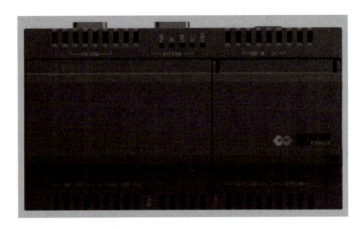

图 1-13　INDICS EDGE 6000 网关

INDICS EDGE 网关的产品特点如下：

- 安全的边缘系统：支持自主可控安全操作系统。
- 丰富的连接方式：支持网口、串口、2G、3G、4G、NB-IoT、Wi-Fi 多种方式的数据采集和传输。
- 丰富的接口协议：支持 Modbus、OPC UA、S7、Profinet、HTTP/HTTPS、MQTT 等协议。
- 灵活的配置方式：支持云化的配置软件和可拖曳的 Node-Red 软件两种网关配置方式。
- 多样的边缘计算能力：支持公式编辑、本地存储、断点续传、虚拟专网、事件报警等基本边缘计算功能。
- 软硬兼备的安全策略：专有的硬件安全模块保证数据采集与传输过程的安全，同时可提供基于用户的安全策略。

（2）汉云 Box 系列网关

汉云 Box 系列产品是徐工信息推出的工业互联网平台中的现场智能数据采集终端，可以方便地实现现场设备的远程数据采集、远程下载和远程维护，支持 350 多种工业设备驱动协议，多路通信接口，可满足绝大部分工业控制器设备的联网需求，支持多种上网方式，支持公有云服务器，可直接利用汉云工业互联网平台实现远程配置、诊断和管理等功能。汉云 Box 设备可广泛应用于空调、供水、楼宇、供暖、冷库、实验设备、空压机、包装、印刷、纺织、租赁设备、环保设备和无人泵站等各行各业。汉云 Box 业务框架如图 1-14 所示。

汉云 Box 设备根据连接设备不同可分为 Hanyun-Box-PLC、Hanyun-Box-CNC、Hanyun-Box-OPC 等类型，如图 1-15 所示。汉云 Box 设备对比说明见表 1-6。

表 1-6　汉云 Box 设备对比说明

设 备 名 称	网 络 接 入	适 用 范 围	通 信 接 口
Hanyun-Box-PLC	以太网、2/3/4G、Wi-Fi	适配 PLC 的网关	3×RJ45（1WAN 口 2LAN 口） COM1：RS232/RS485/RS422 COM2：RS485 COM3：RS232
Hanyun-Box-CNC	以太网、2/3/4G、Wi-Fi	适配 CNC 的网关	2×RJ45（1WAN1LAN） 1×RS485
Hanyun-Box-OPC	以太网、2/3/4G、Wi-Fi	适配 OPC 的网关	2×RJ45（1WAN 口 1LAN 口） 2×RS485（COM1 是可复用 RS232/485）

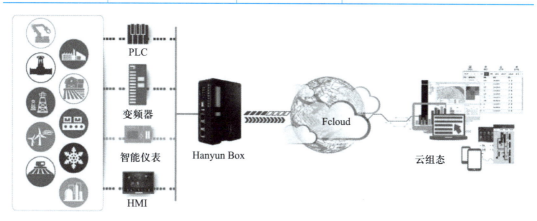

图 1-14　汉云 Box 业务框架

(a) Hanyun-Box-PLC　　(b) Hanyun-Box-CNC　　(c)Hanyun-Box-OPC

图 1-15　汉云 Box 设备类型

以基本型 Hanyun-Box 为例，各个接口位置如图 1-16 所示，接口包括电源接口、串口、以太网接口、USB 接口、SD 卡接口和 I/O 接口，其中以太网接口、USB 接口和 SD 卡接口使用通用标准。

- 电源接口用于为汉云 Hanyun-Box 系列产品提供 DC 24 V 供电，需要外接 DC 24 V 电

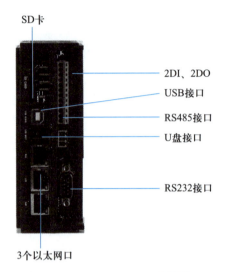

图 1-16　汉云 Hanyun-Box 设备接口

源，可工作范围为 DC 12 V ~ 30 V。

- 在汉云 Hanyun-Box 系列产品的设备上提供一个 SD 卡接口，用于插入 SD 卡，以便于存储历史数据、事件报警和操作记录等数据，最大容量可扩展至 32 GB。
- 汉云 Hanyun-Box 设备提供 USB 接口，可用于 Box 配置下载和存储历史数据。
- 汉云 Hanyun-Box 设备提供 3 个以太网接口（WAN 和 LAN），具备交换机功能，可通过任意接口连接触摸屏和 PLC 等设备。
- 汉云 Hanyun-Box 设备集成 2 路开关量输入和 2 路继电器输出接口，可连接外部开关量接点。

在汉云 Hanyun-Box 产品端面左上方有 5 个指示灯。其中，RUN 灯为运行指示灯，正常情况会持续地闪烁；TX1、TX2 和 TX3 为通信指示灯，通信正常则进行有规律地闪烁；RF 为 GPRS 及 4G 信号指示灯，GPRS 联网时会 1 秒闪 3 次，4G 联网时会常亮或者持续频繁闪烁。各指示灯的详细含义见表 1-7。

表 1-7　汉云 Hanyun-Box 产品指示灯含义

指示灯	灭	常　亮	闪　烁		
			1 秒 1 次闪烁	3 秒 1 次闪烁	1 秒 3 次闪烁
RUN	模块未上电或硬件故障	正在启动或系统故障	正常工作		
TX1	无数据通信或硬件故障		有数据收发 （有收发就闪烁，通信速率高时看起来像是常亮）		
TX2					
TX3					
RF	模块未上电或硬件故障或使用以太网方式上网		没有找到 GPRS/4G 信号	正在注册网络	GPRS/4G 信号正常

Hanyun-Box 系列产品的技术参数包括硬件参数、电气规格、环境要求和其他参数，见表 1-8。

表 1-8　汉云 Hanyun-Box 系列产品技术参数

汉云 Hanyun-Box		
硬件参数	CPU	600 MHz ARM Cortex-A8
	存储器	128 MB Flash +128 MB DDR3
	RTC	实时时钟内置
	以太网	3 路 10 M/100 M 自适应端口
	SD 卡	支持
	USB 端口	1 个 USB Device2.0 端口，1 个 USB Host2.0 端口
	串口	COM1：RS232/RS485/RS422 COM2：RS485 COM3：RS232
	I/O 端口	2 路光电隔离数字点输入，2 路继电器输出（最大 5 A）
电气规格	额定功率	< 5 W
	额定电压	DC 24 V，可工作范围 DC 9 V~28 V
	电源保护	具备浪涌保护
	允许失电	<3 ms
	CE	符合 EN61000-6-2：2005，EN61000-6-4：2007 标准
	RoHS	符合 RoHS，雷击浪涌±4 kV，群脉冲±4 kV，空气放电 8 kV
环境要求	工作温度	−10 ℃~60 ℃
	存储温度	−20 ℃~70 ℃
	环境湿度	10%~90%RH（无冷凝）
	抗震性	10 Hz~25 Hz（X、Y、Z 方向 2G/30 分钟）
	冷却方式	自然风冷
其他参数	防护等级	机身后壳符合 IP20
	机械机构	ABS 工程塑料
	整机尺寸	130 mm×94 mm×48 mm
	整机重量	约 400 g

提示

RTC：（Real-Time Clock）集成电路，通常称为时钟芯片。

CE：（Conformite Europeenne）认证是产品的安全认证。

RoHS：（Restriction of Hazardous Substances）全称是"关于限制在电子电气设备中使用某些有害成分的指令"，是欧盟标准，主要用于规范电子电气产品的材料及工艺标准，使之更加有利于人体健康及环境保护。

1.1.5　网络拓扑图

　　网络拓扑结构是指用传输媒体互连各种设备的物理布局，即采用什么方式把网络中的计算机等设备连接起来。拓扑图给出网络服务器、工作站的网络配置和相互间的连接，它的结构主要有星形结构、环形结构、总线型结构、分布式结构、树形结构、网状结构、蜂窝状结构等。各种网络拓扑结构的优缺点比较见表 1-9。

表 1-9　网络拓扑结构优缺点比较

结　　构	优　　点	缺　　点
总线型结构	结构简单灵活，易于扩充，布线容易，使用方便，性能较好	总线的传输距离有限，通信范围受到限制，而且总线故障将对整个网络产生影响
星形结构	维护管理容易，重新配置灵活，故障隔离和检测容易，网络延迟时间短	各节点与中央交换单元直接连通，各节点之间通信必须由中央单元转换；网络共享能力差；线路利用率低，中央单元负荷重
树形结构	能够快速将多个星形网络连接在一起，易于扩充网络规模	层次越高的节点故障，导致的网络问题越严重
环形结构	结构简单，建网容易，传输距离远，便于管理	当节点过多时，将影响传输效率，不利于扩充，故障检测也比较困难
网状结构	节点之间有多条线路相连，网络的可靠性较高	结构比较复杂，建设成本较高，而且不易扩充
蜂窝拓扑结构	无须架设物理连接介质	适用范围较小
混合拓扑结构	应用相当广泛，解决了星形和总线型拓扑结构的不足，扩展相当灵活，速度较快	总线长度和节点数量有限制，网络速率会随着用户的增多而下降，较难维护

　　总线型结构：使用同一媒体或电缆连接所有端用户的一种通信方式，连接端用户的物理媒体由所有设备共享，各工作站地位平等，无中心节点控制，公用总线上的信息多以基带形式串行传递，其传递方向总是从发送信息的节点开始向两端扩散，如同广播电台发射的信息一样，因此又称广播式计算机网络。总线型拓扑结构如图 1-17 所示。

图 1-17　总线型拓扑结构示意图

星形结构：以中央节点为中心，并用单独的线路使中央节点与其他各节点相连，相邻节点之间的通信都要通过中心节点。星形结构通常采用集线器或交换机作为网络的中央节点，网络中的每一台计算机都通过网卡连接到中央节点，计算机之间通过中央节点进行信息交换，因各节点呈星状分布而得名。星形拓扑结构如图 1-18 所示。

图 1-18　星形拓扑结构示意图

树形结构：分级的集中控制式网络，与星形相比，它的通信线路总长度短，成本较低，节点易于扩充，寻找路径比较方便，但除了叶节点及其相连的线路外，任一节点或其连接的线路出现故障时，都会使系统受到影响。树形拓扑结构如图 1-19 所示。

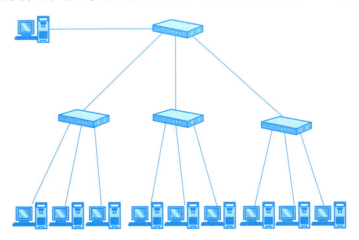

图 1-19　树形拓扑结构示意图

环形结构：在 LAN 中使用较多。这种结构中的传输媒体从一个端用户到另一个端用户，直到将所有的端用户连成环形。数据在环路中沿着一个方向在各个节点间传输，信息从一个节点传到另一个节点。这种结构显而易见消除了端用户通信时对中心系统的依赖性。环形拓扑结构如图 1-20 所示。

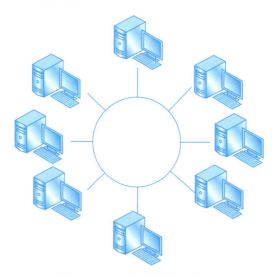

图 1-20   环形拓扑结构示意图

网状结构：在网状拓扑结构中，根据网络的使用需求，通信容量大的设备之间均有点到点的链路连接，这种连接不经济，只有每个站点都要频繁发送信息时才使用这种方法。它的安装也复杂，但系统可靠性高，容错能力强。网状拓扑结构如图 1-21 所示。

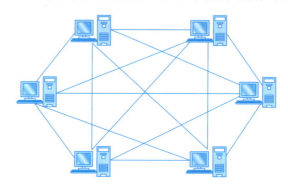

图 1-21   网状拓扑结构示意图

蜂窝拓扑结构：是无线局域网中常用的结构。它以无线传输介质（微波、卫星、红外等）点到点和多点传输为特征，是一种无线网，适用于城市网、校园网、企业网。蜂窝拓扑结构如图 1-22 所示。

混合拓扑结构：由星形结构或环形结构和总线型结构结合在一起的网络结构，这样的拓扑结构更能满足较大网络的拓展，解决星形网络在传输距离上的局限，同时又解决了总线型网络在连接用户数量上的限制。混合拓扑结构如图 1-23 所示。

图 1-22　蜂窝拓扑结构示意图

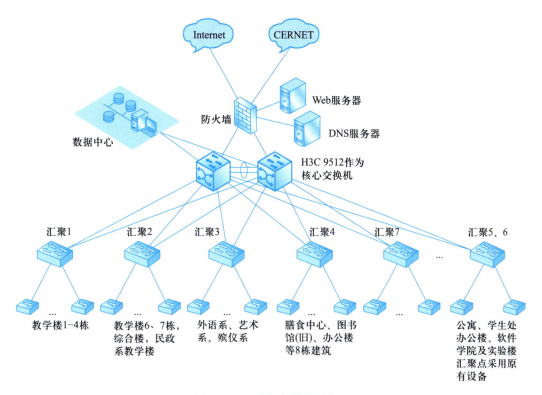

图 1-23　混合拓扑结构示意图

【任务实施】

微课 1-5
数据采集方案规划

1.1.6　数据采集方案规划

工业互联网综合实训平台以汽车装配的模拟产线为教学案例,通过工业互联网系统平台实现工业现场数据采集、数据监控管理、数据上云、算法建模、边缘计算以及工业 APP

的开发与发布。硬件平台可模拟汽车生产线装配环境，完成原材料出库、车身模拟加工、整车装配、组装检测、成品入库等工艺过程，为工业互联网实施与运维提供数据支撑。工业互联网综合实训平台如图 1-24 所示。

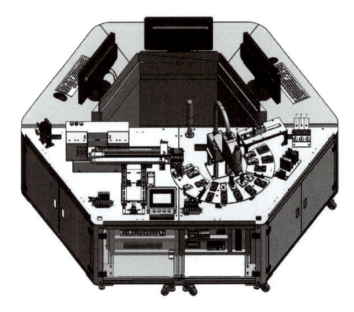

图 1-24   工业互联网综合实训平台

工业互联网综合实训平台设备层、控制层和监控层的架构如图 1-25 所示。

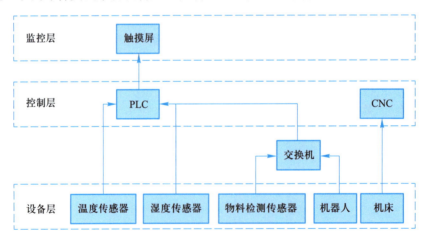

图 1-25   工业互联网综合实训平台架构

根据汽车生产线架构图，可知需要采集的设备包括触摸屏、PLC、CNC，根据项目需求可知，温度、湿度可以直接通过 PLC 采集温湿度传感器数据获取，已合格产品数量和总数量可以通过 PLC 采集物料检测传感器数据获取，开机时长和产线运行速度也可通过 PLC 获取。由于本项目使用的是 SIMENS S7-1200 型号的 PLC，因此网关与 PLC 可以采用 S7 协议。触摸屏与网关通信可以采用 OPC 协议，CNC 与网关通信可以采用 Modbus 协议，现场的详细架构如图 1-26 所示。

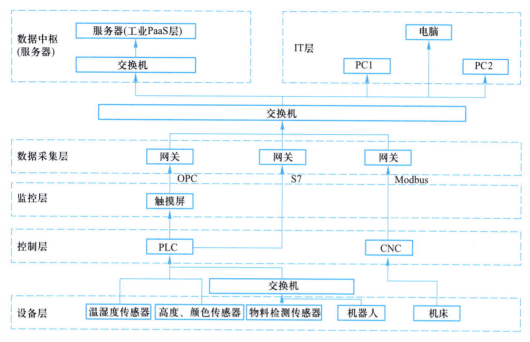

图 1-26　数据采集架构

由此可以得出数据采集列表，见表 1-10。

表 1-10　工业数据采集列表

通信协议	设备	数量	数据变量	变量单位	数据类型	采集周期
S7	PLC	1	温度	℃	Real	30 秒
			湿度	%	Real	30 秒
			已合格产品数量	个	DInt	30 秒
			总生产数量	个	DInt	30 秒
			开机时长	时	DInt	30 秒
			产线运行速度	个/时	DInt	30 秒
Modbus	CNC	1	—	—	—	—
OPC	触摸屏	1	—	—	—	—

根据汽车生产线现场数据采集规划的架构，绘制出现场的网络拓扑图如图 1-27 所示。

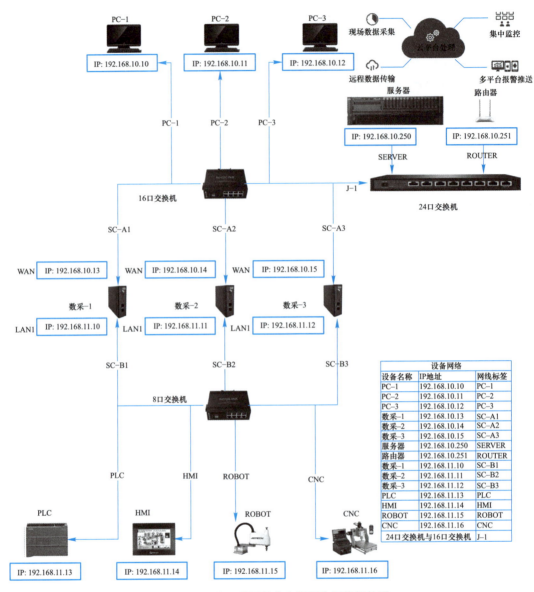

图 1-27 工业互联网综合实训平台网络拓扑图

【任务回顾】

【知识点总结】

1. PLC 主要由 CPU 模块、输入模块、输出模块、存储器和电源模块等组成。

2. 数控机床组成部分包括加工程序载体、机床主体、数控装置、伺服系统、辅助装置。

3. 工业机器人系统由机器人本体、示教器、示教器通信线、机器人控制器、数据交换电缆、电机驱动电缆和电源供电电缆组成。

4. 通信接口是设备用于信号传输的通道，包括声音、画面等资料的传输。

5. 通信协议又称通信规程，是指通信双方对数据传送控制的一种约定。约定中包括对数据格式、同步方式、传送速度、传送步骤、检验纠错方式以及控制字符定义等问题做出统一规定，通信双方必须共同遵守，也叫做链路控制规程。

6. 网络拓扑结构主要有星形结构、环形结构、总线型结构、分布式结构、树形结构、网状结构、蜂窝状结构等。

【思考与练习】

1. PLC 的主要组成部分包括什么？

2. 数控机床主要组成部分包括什么？

3. 什么是通信接口？常用的通信接口有哪些？

4. 什么是通信协议？常用的通信协议有哪些？

5. 什么是工业互联网网关？

6. 汉云 Box 根据连接设备的不同，可以分为哪几种类型？

7. 航天云网的 INDICS EDGE 网关有什么特点？

任务 1.2　网络部署与数据采集

【任务描述】

数据采集方案制订完毕，并实施了网络设备安装与连接后，下一步要设置和连接工业互联网网关。

那么要，选择怎样的网关类型？

使用什么通信协议来实现网关与云平台的连接？

网关客户端有哪些功能？如何使用？

以上这些问题，都需要在网关通信方案规划中解决。

【知识学习】

1.2.1　典型工业互联网网关客户端

网关管理软件 XEdge 可实现远程监控下载、数据读写、故障报警、视频监控和历史数据记录等功能。软件界面主要有 8 个区域，如图 1-28 所示，依次是标题栏区域、用户信息区域、汉云 XEdge PC 客户端主要功能区域、搜索区域、分类列表区域、汉云 XEdge PC 客户端设备列表区域、内容显示区域和设置管理区域。XEdge 界面区域认知见表 1-11。

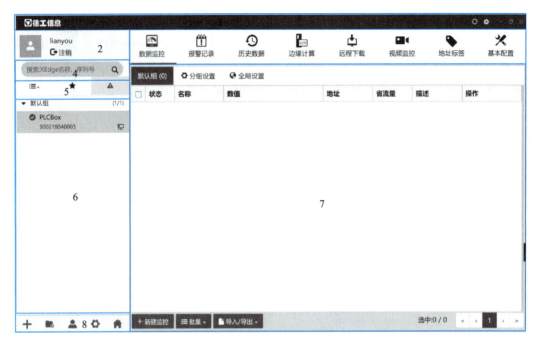

图 1-28　XEdge PC 客户端软件主界面

表 1-11　XEdge 界面区域认知

序号	名　称	说　明
1	标题栏区域	标题栏区域显示软件名称，实现软件窗口的刷新、设置（语言、检查更新、关于）、最小化、最大化和关闭功能
2	用户信息区域	通过单击用户头像，在内容显示区域显示用户信息界面，主要包括用户的用户名、邮箱、手机号等相关信息
3	功能区域	分为远程下载、数据监控、历史记录、视频监控、报警记录和基本信息等功能
4	搜索区域	在搜索区域，输入汉云 Hanyun-Box 设备的别名及编号，可以快速查找到对应的汉云 Hanyun-Box 设备
5	分类列表区域	可以选择对所有汉云 Hanyun-Box 设备"按状态排序"或"按名称排序"
6	设备列表区域	通过右击汉云 Hanyun-Box 设备，在弹出的快捷菜单中对汉云 Hanyun-Box 设备进行收藏、分享、新增、复制、移交、导出、导入和替换等操作
7	内容显示区域	显示当前操作的内容信息
8	设置管理区域	添加汉云 Hanyun-Box 设备、分组管理操作、报警联系人、全局设置和主页显示

通过 XEdge 可以帮助客户实现以下操作：

① 远程查看设备的运行参数、状态等，帮助客户随时查看设备运行情况。

② 随时查看和接收设备报警信息，第一时间掌握设备故障状态和故障原因。

③ 可以实现远程上传、下载和调试 PLC 程序，无须现场出差，降低差旅成本。

④ 可以保存和查看历史数据，方便跟踪设备的历史运行状态。

⑤ 可以通过摄像头监控查看实时画面，随时掌握现场情况。

1.2.2 局域网 IP 地址扫描工具

SoftPerfect Network Scanner 是一个免费的多线程局域网 IP 地址扫描工具，可以检测用户自定义的端口并报告已打开的端口，解析主机域名和自动检测本地 IP 地址，监听 TCP 端口，并显示共享在网络上（包括系统和隐藏）的各类资源，可以用来分析当前网络中的流量，并找出网络中潜在的问题。

SoftPerfect Network Scanner 使用便捷，输入网段 IP 地址，单击"开始扫描"按钮，即可获取扫描结果。SoftPerfect Network Scanner 页面如图 1-29 所示。

图 1-29 SoftPerfect Network Scanner 页面

【任务实施】

1.2.3 设备 IP 地址设置

1. PC 端 IP 地址设置

PC 端 IP 地址设置步骤见表 1-12。

表 1-12　PC 端 IP 地址设置步骤

序号	操作步骤	图片说明
1	双击打开 PC 上的"控制面板"窗口，单击"网络和 Internet"超链接	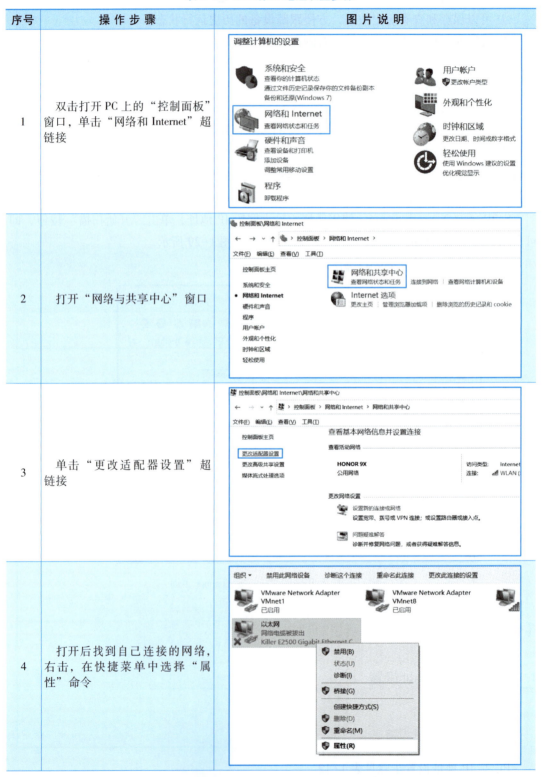
2	打开"网络与共享中心"窗口	
3	单击"更改适配器设置"超链接	
4	打开后找到自己连接的网络，右击，在快捷菜单中选择"属性"命令	

续表

序号	操 作 步 骤	图 片 说 明
5	在打开的对话框中找到并双击"Internet 协议版本 4（TCP/IPv4）"选项，打开"Internet 协议版本 4"对话框，在对话框中选中"使用下面的 IP 地址"单选按钮，并输入 IP 地址，输入完成后，单击"确定"按钮即可	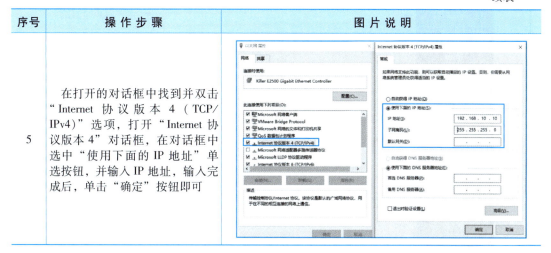

2. 服务器 IP 地址设置

　　BMC 是集成于服务器主板上的设备管理核心模块，用于控制系统管理软件和平台管理硬件之间的接口，提供自主监视、事件记录和恢复控制的功能。管理员可以通过浏览器登录到服务器 BMC 的 Web 门户并在该门户中配置服务器的 IP 地址。

　　通过串口线将机架服务器上的 DB9 串口与调试 PC 连接后，在浏览器地址栏输入 BMC Web 门户的默认地址 https://192.168.5.7 进入登录页面，如图 1-30 所示，输入默认的用户名称和密码。

图 1-30　BMC Web 登录页面

　　Web 页面如图 1-31 所示，说明见表 1-13。

图 1-31　Web 页面

表 1-13　Web 页面说明

序号	名　　称	说　　明
1	当前版本信息	显示 BMC 当前固件版本信息、BMC 当前版本日期和服务器电源状态
2	告警通知	告警的消息提示及告警信息的查询入口
3	传感器时间实时更新开关	控制传感器事件是否实时更新同步的开关
4	页面刷新按钮	刷新显示当前页面
5	在线账户信息	提供当前登录账号详细信息入口和注销入口
6	概括信息	显示产品信息、服务器设备信息和 BMC 状态信息
7	设备控制区域	提供 UID 灯的设置入口
8	菜单栏	按功能划分，包括概况信息、传感器、系统清单、FRU 信息、告警 & 日志、设置、远程控制、镜像重定向、电源控制、网卡信息、风扇信息、电源管理、维护、故障诊断和注销等功能

当需要对服务器管理网口或共享网口的网络地址进行重新规划时，需要配置相关的 IP 地址、子网掩码和默认网关等信息。步骤如下：

① 在左侧菜单栏中，选择"设置"选项，进入"设置"页面。

② 选择菜单"网络设置"→"网络 IP 设置"命令，进入"网络 IP 设置"页面。

③ 在 LAN 界面下拉列表中选择需要配置的网络接口。

3. 西门子 PLC IP 地址设置

打开西门子博图软件后，进入 TIA 视图。在项目视图下右击设备，在快捷菜单中选择"属性"命令，在 PROFINET 中设置 IP 地址即可，如图 1-32 所示。

(a)   (b)

图 1-32 西门子 PLC IP 地址设置步骤

4. ABB 机器人 IP 地址设置，见表 1-14。

表 1-14 ABB 机器人 IP 地址设置步骤

序号	操作步骤	图 片 说 明
1	进入 ABB 主菜单，单击"控制面板"选项	

续表

序号	操 作 步 骤	图 片 说 明
2	在打开的"控制面板"窗口中单击"配置"选项	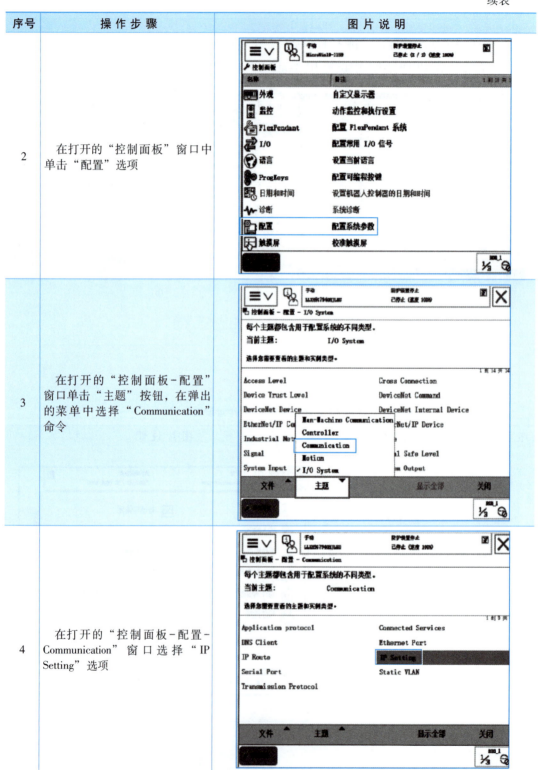
3	在打开的"控制面板–配置"窗口单击"主题"按钮，在弹出的菜单中选择"Communication"命令	
4	在打开的"控制面板–配置–Communication"窗口选择"IP Setting"选项	

续表

序号	操 作 步 骤	图 片 说 明
5	在打开的"控制面板-配置-Communication-IP Setting"窗口单击"添加"按钮，在打开的对话框中，设置 IP 地址，单击"确定"按钮	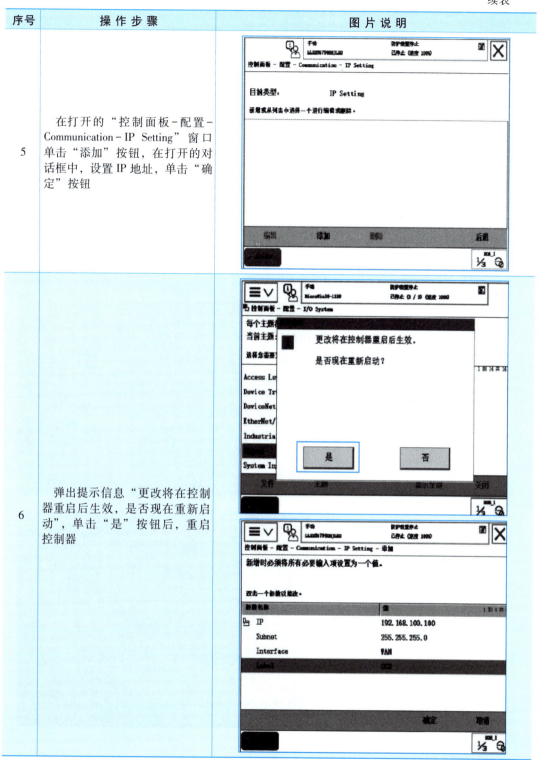
6	弹出提示信息"更改将在控制器重启后生效，是否现在重新启动"，单击"是"按钮后，重启控制器	

5. IP 地址通断测试

IP 地址通断测试步骤见表 1−15。

表 1−15　IP 地址通断测试步骤

序号	操 作 步 骤	图 片 说 明
1	单击 PC 中的"开始"按钮，在弹出的"开始"菜单中选择"运行"命令。也可以同时按下键盘 Windows 键和 R 键，屏幕左下角打开"运行"对话框，在"打开"文本框中输入 cmd 命令，单击"确定"按钮	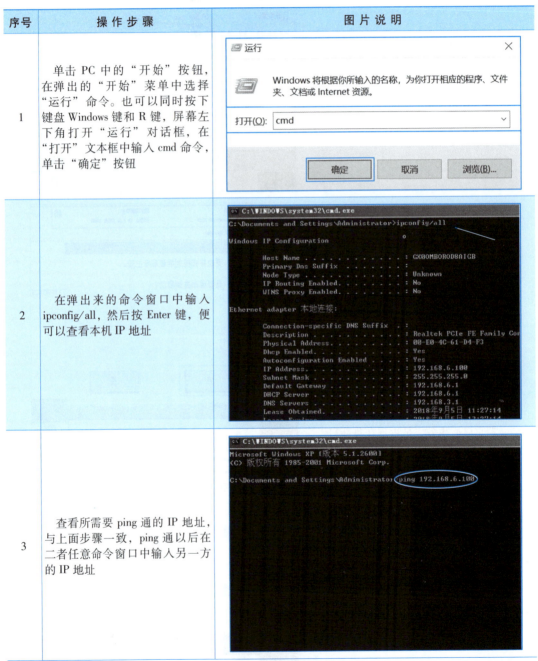
2	在弹出来的命令窗口中输入 ipconfig/all，然后按 Enter 键，便可以查看本机 IP 地址	
3	查看所需要 ping 通的 IP 地址，与上面步骤一致，ping 通以后在二者任意命令窗口中输入另一方的 IP 地址	

续表

序号	操作步骤	图片说明
4	ping 之后即可看到到底是否 ping 通的结果了。如果 ping 通了路由器的网关，说明 PC 和路由器之间的连接是正常的；否则，则说明这段链路出现问题。如果 ping 路由器网关正常后，再 ping 运营商的 DNS，发现 ping 不同，一般是路由器与运营商之间的连接出了问题	

1.2.4 网关配置与数据采集

微课 1-6
适配 PLC 的网关
配置

1. 适配 PLC 的网关

（1）通信方式

以 Hanyun-Box 系列产品的 Hanyun-Box-PLC 设备为例，电源硬件连接如图 1-33 所示。

图 1-33　Hanyun-Box-PLC 网关产品图-1

在 Hanyun-Box-PLC 网关安装调试时，根据实际需要选择以太网及 Wi-Fi 的联网方式，配置网关的上网信息，如图 1-34 所示。可以选择 LAN 口或 USB 线与 PC 进行连接，连接成功后 PC 端通过配置工具对网关的上网信息进行设置。

以以太网的通信方式为例，Hanyun-Box-PLC 网关与 PC 端的连接步骤见表 1-16。需要注意的是，网关的 LAN 口的 IP 地址和 PC 的 IP 地址必须处于同一网段，网关设备的默认 IP 地址为 192.168.1.1。

图 1-34　Hanyun-Box-PLC 网关产品图-2

表 1-16　配置通信方式操作步骤

序号	操 作 步 骤	图 片 说 明
1	进入网关盒子配置界面，单击右侧的"⚙"按钮，在弹出的列表中选择"配置工具"命令	
2	建立软件与网关盒子的连接。在菜单中选择"通信"→"通信配置"命令	

续表

序号	操作步骤	图片说明
3	通信方式有 USB 和以太网两种。 　由于当前设备使用网线接口与PC 端口连接，因此选中"以太网"单选按钮	
4	单击"扫描"按钮，获得 IP地址	
5	在"当前可用的网卡列表"中显示的是当前可用的连接方式，根据 PC 配置不同而显示不同的选项。选择"以太网"选项，单击"确定"按钮	

续表

序号	操 作 步 骤	图 片 说 明
6	根据扫描结果，可以查看网线直连时所使用的硬件接口。显示"WAN"代表网线实际连接的是WAN口；显示"LAN"代表网线实际连接的是LAN口	
7	IP地址自动填入，单击"确定"按钮	
8	连接成功，显示"设置成功"，单击"确定"按钮。如果失败，请检查PC与网关盒子的IP地址是否处于同一网段	

续表

序号	操 作 步 骤	图 片 说 明
9	联网方式一共有 3 种，分别为 Wi-Fi、WAN、移动网络　Wi-Fi：网关通过连接无线 Wi-Fi进入外网；　WAN：网关通过网线直连的方式进入外网；　移动网络：网关通过安装 SIM 卡使用对应运营商无线网络的方式进入外网。　网关盒子状态读取与进入外网方式设置。单击右侧"刷新"按钮读取当前网关盒子的参数，选中"WAN"单选按钮，单击"设置"按钮	
10	以太网配置分为"DHCP"和"静态 IP"两种。DHCP：自动分配地址；静态 IP：固定地址，本次选择"静态 IP"	
11	根据规划进行 IP 地址、子网掩码、网关、DNS1、DNS2、LAN IP 等信息的填写，单击"设置"按钮　（注意：配置完成后网关盒子的默认 IP 地址等信息将会被规划的数据所替代。）	

续表

序号	操 作 步 骤	图 片 说 明
12	设置服务器地址 URL（Uniform Resource Locator，统一资源定位地址）：app.moc.hanyunapp.cn，单击"设置"按钮	
13	单击右侧的"重启设备"按钮，等待 20 秒使配置生效，单击"确定"按钮	
14	选择"日志/Log"标签页，单击"刷新日志"按钮，查看日志信息，确认规划的数据替代正常	

续表

序号	操作步骤	图片说明
15	刷新成功后，日志内显示"盒子登录服务器成功"等信息，代表网关盒子成功登录服务器	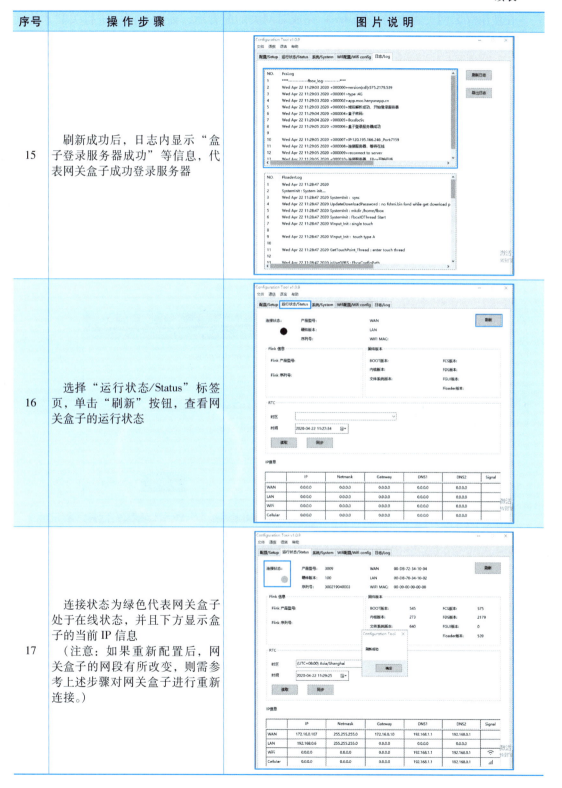
16	选择"运行状态/Status"标签页，单击"刷新"按钮，查看网关盒子的运行状态	
17	连接状态为绿色代表网关盒子处于在线状态，并且下方显示盒子的当前 IP 信息 （注意：如果重新配置后，网关盒子的网段有所改变，则需参考上述步骤对网关盒子进行重新连接。）	

（2）关联网关

在使用汉云网关客户端（XEdge）完成对网关的配置后，需要对网关进行关联才能使用。一般情况下根据实际设备信息进行填写即可。具体操作步骤见表 1–17。

表 1–17　关联网关操作步骤

序号	操 作 步 骤	图 片 说 明
1	单击左下角按钮"＋"，在弹出的列表中选择"添加盒子"命令	
2	在 XEdge 中添加网关盒子信息。录入网关序列号、密码、别名，并选择分组，信息确认无误后，单击"确定"按钮。　XEdge 序列号：根据网关盒子的 S/N 号码填写；　XEdge 密码：根据包装信息填写；　XEdge 别名：盒子自定义名称	
3	网关添加完成，等待 10~20 秒网关会转为在线状态	

① 第 1 个用户添加网关后，其他用户不能再添加该网关，只能被分享。即网关的所有权只能属于一个账户，其他账户最多只有查看权限。

② 网关常见状态参数与描述见表 1-18。

表 1-18　网关常见状态参数与描述

图　　示	参 数 描 述
✔	盒子在线
➖	盒子离线
⊘	盒子设备编码没有在服务器注册，服务器不识别
⬇	盒子正在下发数据
➦	盒子有分享者
⤴	盒子是分享的
📹	盒子绑定了摄像头
🖥	盒子上网方式是以太网
📶	盒子上网方式是 Wi-Fi
4G	盒子上网方式是 4G
2G	盒子上网方式是 2G

（3）设备配置

完成网关与网关客户端关联后，需要添加网关采集的设备信息。通过项目描述已经获知工业数据采集列表，具体操作见表 1-19。

微课 1-7
适配 PLC 的网关
数据采集

表 1-19　配置设备信息操作步骤

序号	操 作 步 骤	图 片 说 明
1	选择待配置的网关盒子，此处以默认分组下的"PLCBox"为例	

续表

序号	操 作 步 骤	图 片 说 明
2	进入网关相关编辑界面后，选择"远程下载"选项后，单击"设备管理"按钮	
3	选择"网络 PLC"选项，单击"新增"按钮，进行 PLC 的添加	
4	在网络 PLC 设置界面中，根据现场设备信息进行填写，然后单击"确定"按钮	

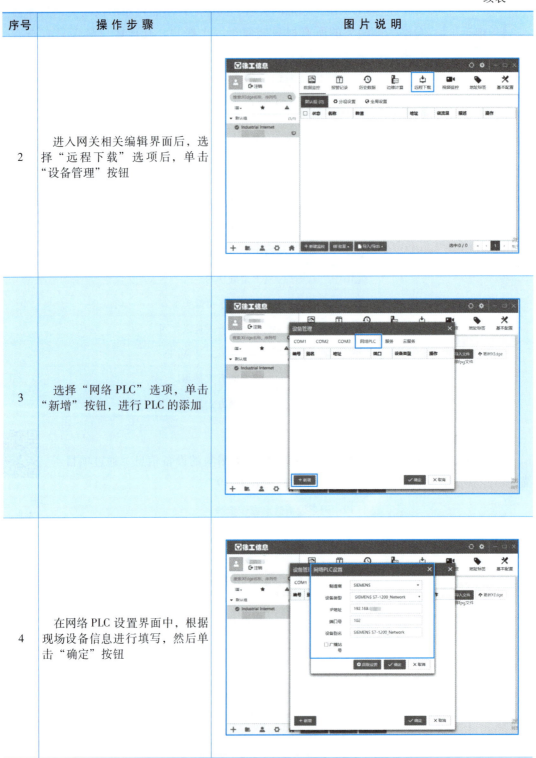

续表

序号	操作步骤	图片说明
5	单击左下角的"新增"按钮，进行 MQTT 的添加	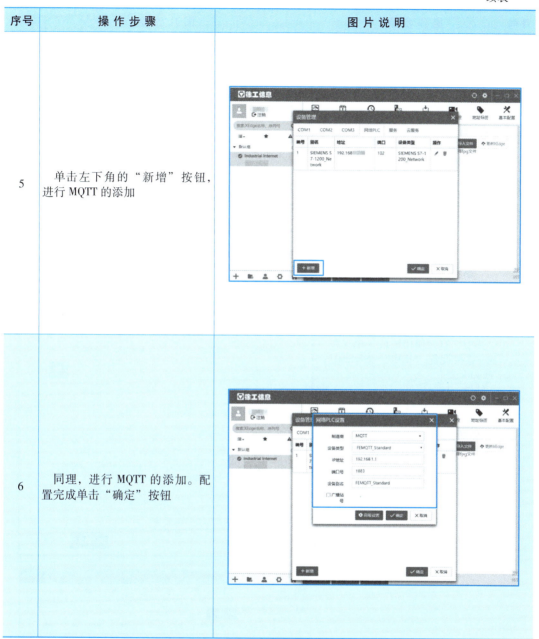
6	同理，进行 MQTT 的添加。配置完成单击"确定"按钮	

（4）监控点配置

在完成 Hanyun-Box-PLC 网关的绑定、设备配置后，需要添加监控点：温度（Temperature）、湿度（Humidity）、已合格产品数量（QuantityOutput）、总生产产品数量（TotalOutput）、开机时长（OnlineDuration）、产线运行速度（ProductionLineSpeed）。具体操作步骤参考表 1-20。

表 1-20　数据监控采点添加操作步骤

序号	操 作 步 骤	图 片 说 明
1	选择待配置的网关盒子，此处以默认分组下的"Industrial Internet"为例。选择"Industrial Internet"网关盒子，在"数据监控"标签页，单击"新建监控"按钮	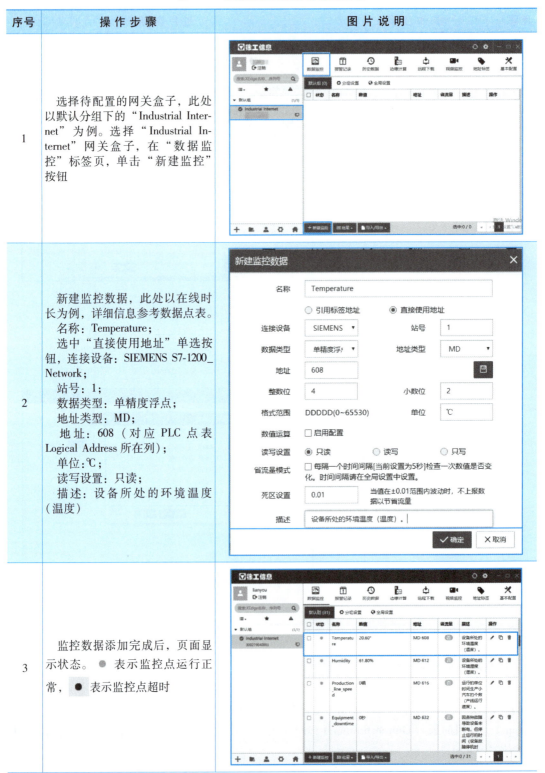
2	新建监控数据，此处以在线时长为例，详细信息参考数据点表。 　名称：Temperature； 　选中"直接使用地址"单选按钮，连接设备：SIEMENS S7-1200_Network； 　站号：1； 　数据类型：单精度浮点； 　地址类型：MD； 　地址：608（对应 PLC 点表 Logical Address 所在列）； 　单位：℃； 　读写设置：只读； 　描述：设备所处的环境温度（温度）	
3	监控数据添加完成后，页面显示状态。● 表示监控点运行正常，● 表示监控点超时	

续表

序号	操 作 步 骤	图 片 说 明
4	除了参考步骤 1~步骤 2 进行单个监控数据的创建，也可以批量导入监控数据。单击"导入/导出"按钮，在打开的对话框中单击"导入文件"按钮	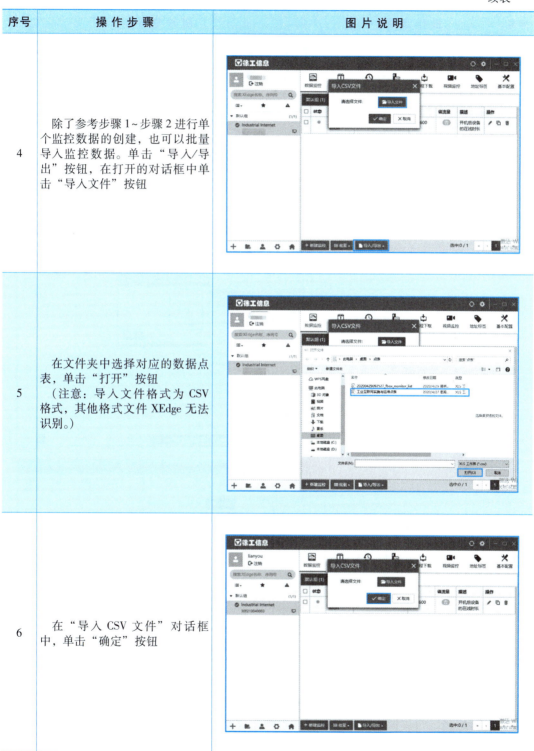
5	在文件夹中选择对应的数据点表，单击"打开"按钮（注意：导入文件格式为 CSV 格式，其他格式文件 XEdge 无法识别。）	
6	在"导入 CSV 文件"对话框中，单击"确定"按钮	

续表

序号	操 作 步 骤	图 片 说 明
7	监控点批量导入过程中，如数据点表内容有错，系统会提示相应的报警。单击"跳过"按钮，会继续执行导入操作，也可以选择取消导入	
8	监控点批量导入完成后，会弹出系统提示，根据提示内容查看导入的监控点，单击"确定"按钮返回上一级页面	
9	导入完成后，默认分组内会出现相应的点位。如数据点表与网关不匹配，信息无法导入	

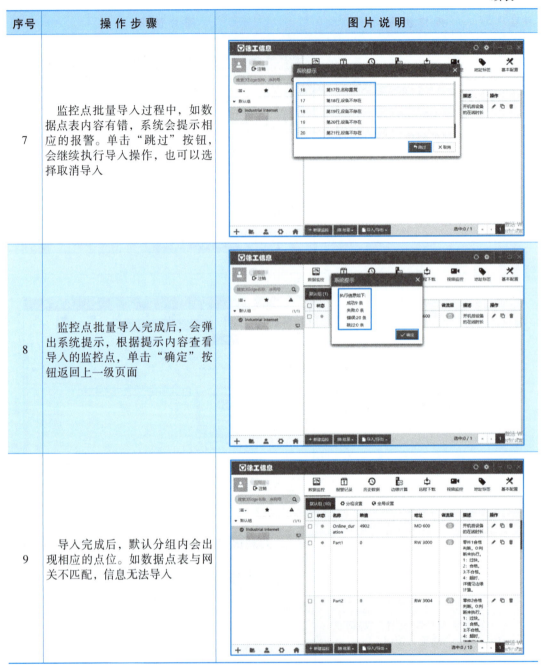

提示　　数据监控下名称命名方式需要注意。原则上不使用中文、空格，可以使用英文与数字，否则在设备画像中无法添加采点。另有部分英文符号可以使用，如-、_、(、)、·、[、] 等。

完成数据采集后，通过查看实际的数据，验证网关采集数据准确性。网关管理软件 XEdge 的点表见表 1-21。

表 1-21　XEdge 点表

监控点 Name	开机时长 OnlineDuration	温度 Temperature	湿度 Humidity	产线运行速度 Production LineSpeed	总生产产品数量 TotalOutput	已合格产品数量 Qualified Output
GroupName	默认组	默认组	默认组	默认组	默认组	默认组
DataType	Single	Single	Single	Int32	Int32	Int32
UseAddressTag	FALSE	FALSE	FALSE	FALSE	FALSE	FALSE
AddressTagName						
PlcAlias	SIEMENS S7-1200_Network	SIEMENS S7-1200_Network	SIEMENS S7-1200_Network	SIEMENS S7-1200_Network	SIEMENS S7-1200_Network	SIEMENS S7-1200_Network
StationNo	1	1	1	1	1	1
RegName	MD	MD	MD	MD	MD	MD
DeviceTagName						
MainAddress	600	608	612	616	640	644
SubAddress						
SubIndex						
BitTrueLabel	1	1	1	1	1	1
BitFalseLabel	0	0	0	0	0	0
BitIndexEnabled	FALSE	FALSE	FALSE	FALSE	FALSE	FALSE
BitIndex	0	0	0	0	0	0
IntDigits	4	4	4	4	4	4
FracDigits	0	2	2	0	0	0
Unit	小时	℃	%	辆/小时	辆	辆
ValueTransformEnabled	TRUE	FALSE	FALSE	FALSE	FALSE	FALSE
TransformType	Zooming	None	None	None	None	None
MaxValue	0	0	0	0	0	0
MinValue	0	0	0	0	0	0
ScaleMaxValue	0	0	0	0	0	0
ScaleMinValue	0	0	0	0	0	0
Gain	0	0	0	0	0	0
Offset	0	0	0	0	0	0
TrafficSaving	FALSE	FALSE	FALSE	FALSE	FALSE	FALSE
DeadValue	0.01	0.01	0.01	0	0	0

续表

监控点 Name	开机时长 OnlineDuration	温度 Temperature	湿度 Humidity	产线运行速度 Production LineSpeed	总生产 产品数量 TotalOutput	已合格 产品数量 Qualified Output
EncodeType	Unicode	Unicode	Unicode	Unicode	Unicode	Unicode
ByteSwap	FALSE	FALSE	FALSE	FALSE	FALSE	FALSE
CharCount	1	1	1	1	1	1
Privilege	Read	Read	Read	Read	Read	Read
Description	开机时长	温度	湿度	产线运行速度	总产量	良品数

2. 适配 CNC 的网关

微课 1-8
适配 CNC 的网关
配置

（1） Hanyun-Box-CNC 网关盒子配置

在首次使用 Hanyun-Box-CNC 网关盒子时，需要先对其进行 IP 配置与网络配置。具体操作步骤见表 1-22。

表 1-22　Hanyun-Box-CNC 网关盒子 IP 配置操作步骤

序号	操 作 步 骤	图 片 说 明
1	进入网关盒子配置界面。 打开 Chrome （谷歌）浏览器，在网址栏输入对应 IP 地址与端口号（9080），进入登录界面 （注意：本网关指定只用"谷歌浏览器"进行设置。如连接失败请检查 PC 地址是否与网关盒子处于同一网段。设置过程需使用英文大写。）	
2	登录网关盒子，输入账户、密码 （注意：默认账户为 admin；默认密码为 password。）	

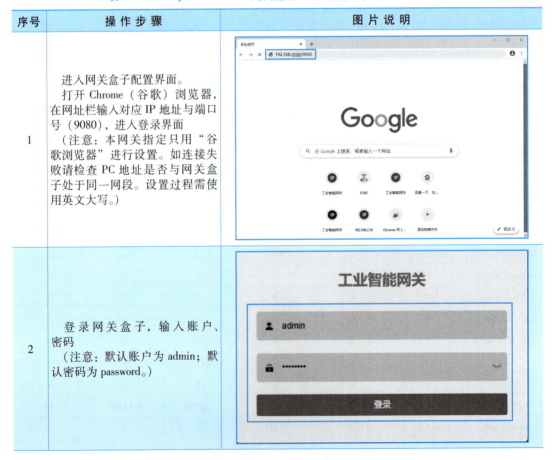

续表

序号	操 作 步 骤	图 片 说 明
3	网关盒子 IP 配置，在窗口左侧选择"网络配置"，在窗口右侧选中"静态 IP"单选按钮，填入相应地址，填入对应的 DNS1 （注意：ETH0 对应网关接口 NET0。ETH0 可进行静态 IP 和动态 IP（DHCP）的配置。一般 DNS 填入与默认网关相同地址即可。）	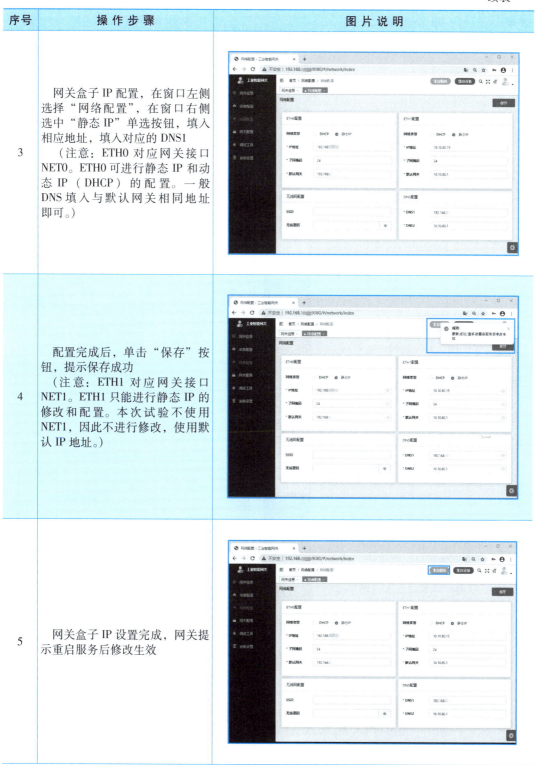
4	配置完成后，单击"保存"按钮，提示保存成功 （注意：ETH1 对应网关接口 NET1。ETH1 只能进行静态 IP 的修改和配置。本次试验不使用 NET1，因此不进行修改，使用默认 IP 地址。）	
5	网关盒子 IP 设置完成，网关提示重启服务后修改生效	

续表

序号	操作步骤	图片说明
6	网关盒子 IP 配置，重启完成显示"操作成功"，因为 IP 改变需重新登录网关盒子	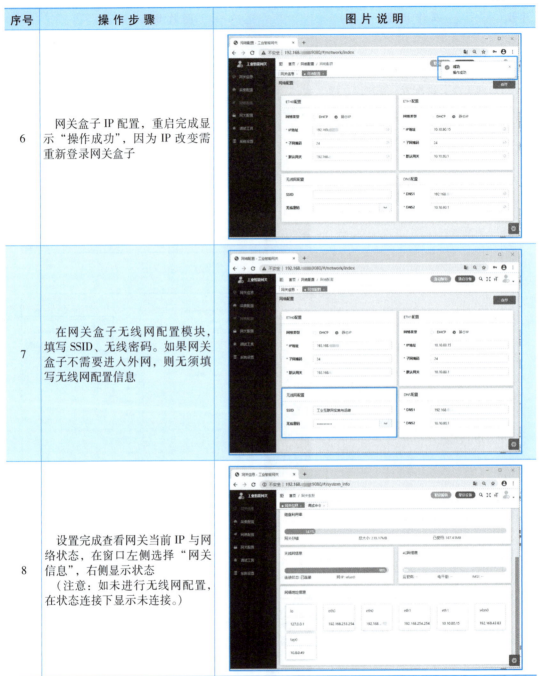
7	在网关盒子无线网配置模块，填写 SSID、无线密码。如果网关盒子不需要进入外网，则无须填写无线网配置信息	
8	设置完成查看网关当前 IP 与网络状态，在窗口左侧选择"网关信息"，右侧显示状态（注意：如未进行无线网配置，在状态连接下显示未连接。）	

（2）CNC 与采集地址添加

完成 Hanyun-Box-CNC 网关 IP 配置与网络配置后，需要在"采集配置"菜单下配置采集的设备及变量，详细步骤见表 1-23。

微课 1-9
适配 CNC 的网关
数据采集

表 1-23　数据监控采点添加操作步骤

序号	操作步骤	图片说明
1	在窗口左侧选择"采集配置"→"设备配置",在窗口右侧单击"添加"按钮	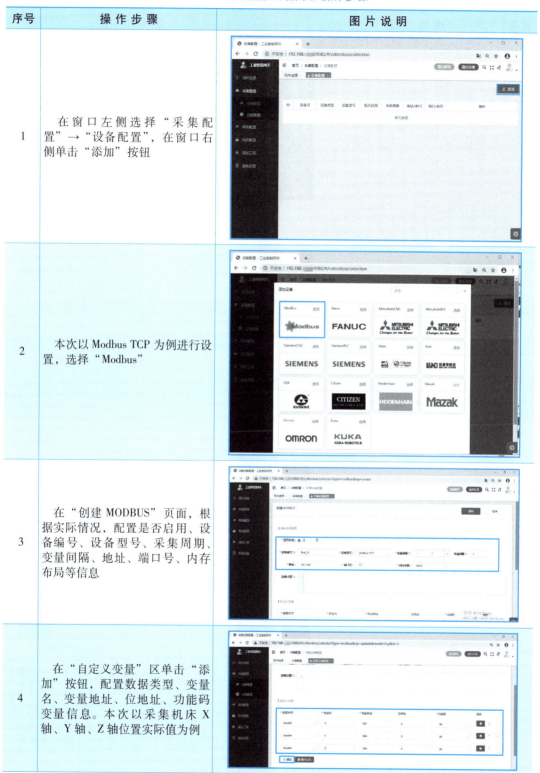
2	本次以 Modbus TCP 为例进行设置,选择"Modbus"	
3	在"创建 MODBUS"页面,根据实际情况,配置是否启用、设备编号、设备型号、采集周期、变量间隔、地址、端口号、内存布局等信息	
4	在"自定义变量"区单击"添加"按钮,配置数据类型、变量名、变量地址、位地址、功能码变量信息。本次以采集机床 X 轴、Y 轴、Z 轴位置实际值为例	

续表

序号	操作步骤	图片说明
5	自定义变量添加完成后，单击"保存"按钮，单击"重启服务"按钮	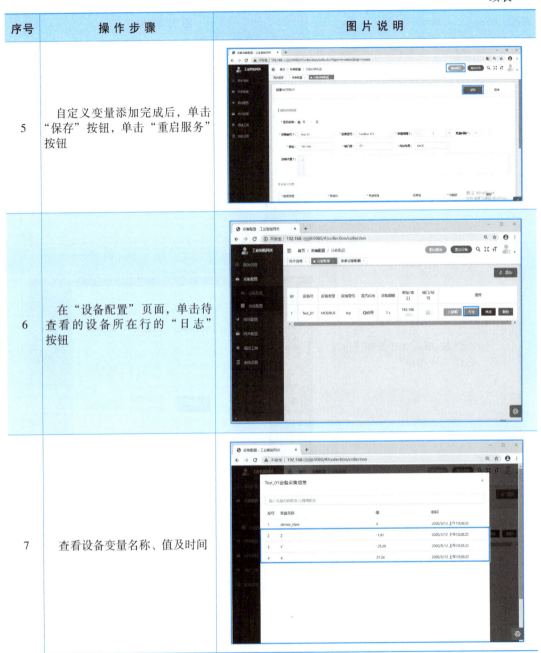
6	在"设备配置"页面，单击待查看的设备所在行的"日志"按钮	
7	查看设备变量名称、值及时间	

3. 适配 OPC 的网关

（1）Hanyun-Box-OPC 网关盒子配置

Hanyun-Box-OPC 网关盒子功能繁多，可以适用于多种场景，如需在复杂场景下应用，建议先学习和了解网络的原理，再进行设置。

微课 1-10
适配 OPC 的网关
配置

　　本次操作文档说明以网口 1 和网口 2 都属于内网、多个设备 IP 地址都在同一网段、Hanyun-Box-OPC 无 4G 上网为例，进行演示。

　　在此场景中，需要通信的设备 IP 地址属于同一网段，如这些设备已经连接到一个交换机，那么只需要将 LAN1 口连接到这些设备所在的交换机即可（满足此条件无须进行 Hanyun-Box-OPC 配置）。

　　如这些设备是孤立无交换网络状态，需将 Hanyun-Box-OPC 的 LAN 口和 NET 口通过桥接配置到 LAN 网络接口当中，组成一个双网口的交换机。Hanyun-Box-OPC 对外就提供了 2 网口的交换机功能，无须其他交换机即可使得同一网段中的 2 个设备进行通信。具体操作步骤见表 1–24。

表 1–24　Hanyun-Box-OPC 网关盒子配置操作步骤

序号	操作步骤	图片说明
1	进入网关盒子配置界面 ① 打开"谷歌浏览器"。 ② 根据实际连接端口填入默认地址。 ③ 按 Enter 键 （注意：如连接失败请检查 PC 的 IP 地址是否与网关盒子处于同一网段。）	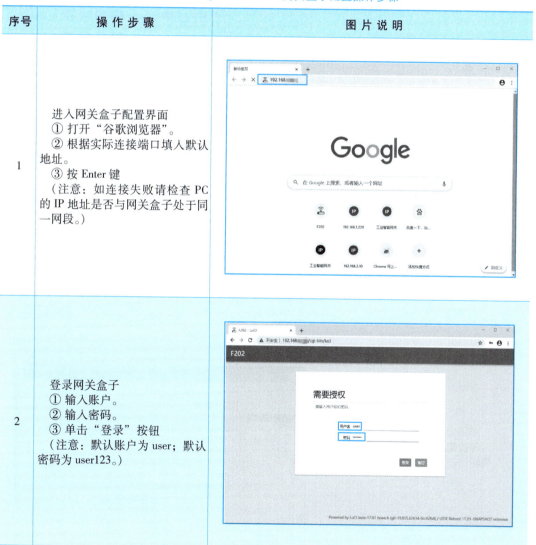
2	登录网关盒子 ① 输入账户。 ② 输入密码。 ③ 单击"登录"按钮 （注意：默认账户为 user；默认密码为 user123。）	

续表

序号	操作步骤	图片说明
3	网关盒子本地上网配置 ① 单击"接口"按钮。 ② 单击"修改"按钮	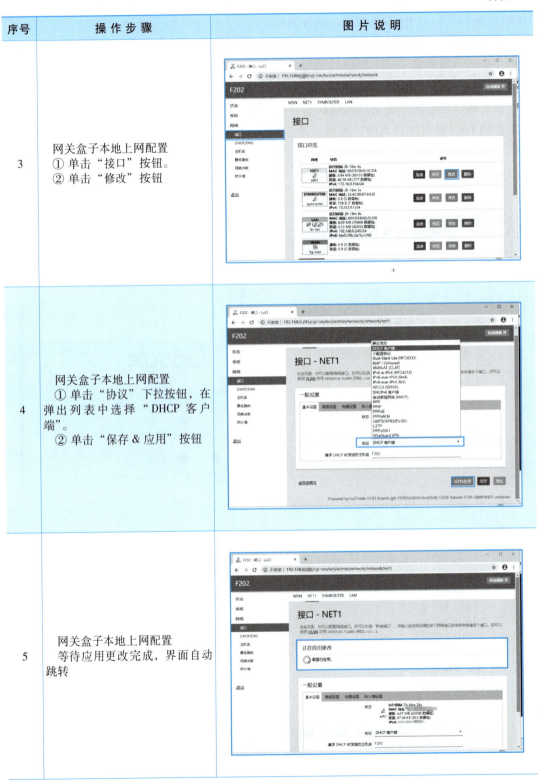
4	网关盒子本地上网配置 ① 单击"协议"下拉按钮，在弹出列表中选择"DHCP 客户端"。 ② 单击"保存 & 应用"按钮	
5	网关盒子本地上网配置 等待应用更改完成，界面自动跳转	

续表

序号	操 作 步 骤	图 片 说 明
6	网关盒子双口交换机配置 ① 单击"接口"按钮。 ② 单击"修改"按钮	
7	网关盒子双口交换机配置 ① 选择"物理设置"选项。 ② 选中"net1"复选框	
8	网关盒子双口交换机配置 ① 下拉界面至"DHCP 服务器"区。 ② 单击"保存 & 应用"按钮	

续表

序号	操 作 步 骤	图 片 说 明
9	网关盒子双口交换机配置 等待应用更改完成，界面自动跳转	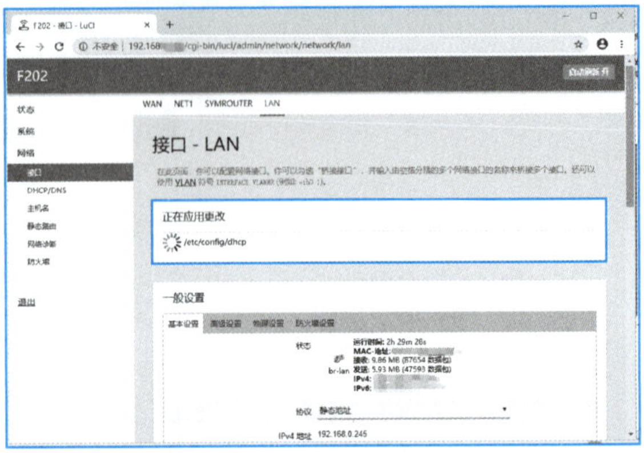
10	网关盒子双口交换机配置 两个网口的 IP 以网口 1 的 IP 为主，网口 2 变为交换口	

（2）HMI（人机界面）OPC_UA 通信激活方式

完成了网关盒子端口配置后，我们需要先对 HMI 配置，激活它的 OPC_UA 功能。具体操作见表 1–25。

表 1–25　HMI–OPC_UA 通信激活操作步骤

序号	操 作 步 骤	图 片 说 明
1	① 打开软件 FStudio 2，双击图标 。 ② 选择"文件"→"打开工程"命令	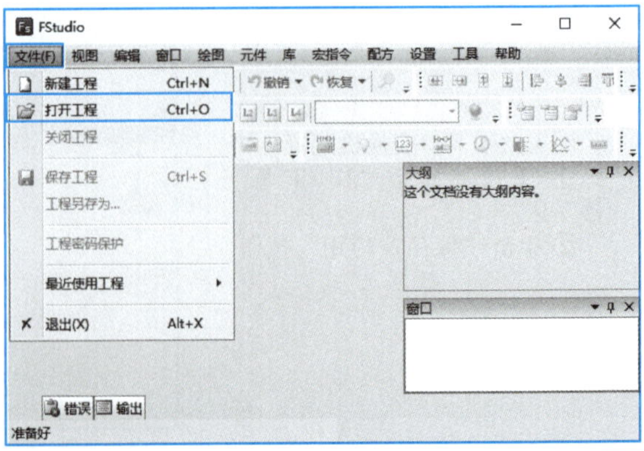

续表

序号	操 作 步 骤	图 片 说 明
2	① 选中本地 HMI 工程文件。 ② 单击"打开"按钮 （注意：HMI 工程文件请以当前设备标准程序为准。）	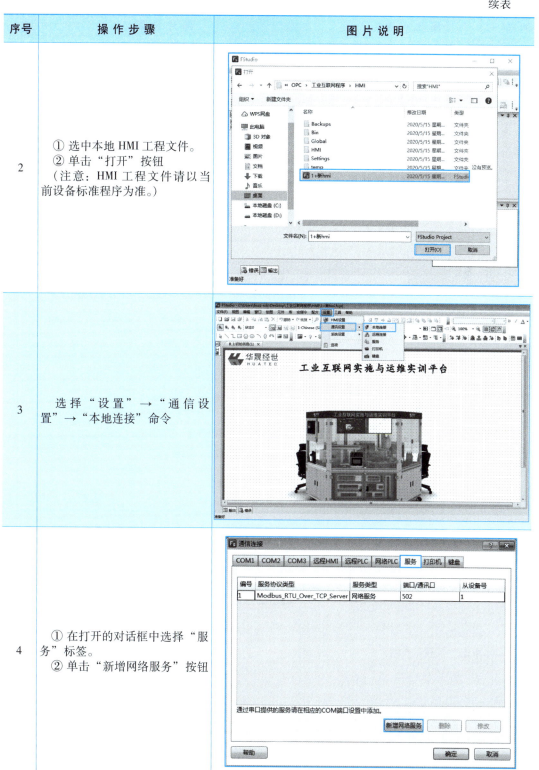
3	选择"设置"→"通信设置"→"本地连接"命令	
4	① 在打开的对话框中选择"服务"标签。 ② 单击"新增网络服务"按钮	

续表

序号	操 作 步 骤	图 片 说 明
5	① 选择"OPC_UA_SERVER"选项。 ② 端口号：4840。 ③ 服务器站号：根据实际选择即可。 ④ 单击"确认"按钮 （注意：本地IP为HMI地址。端口号一般使用通用性强的号码。）	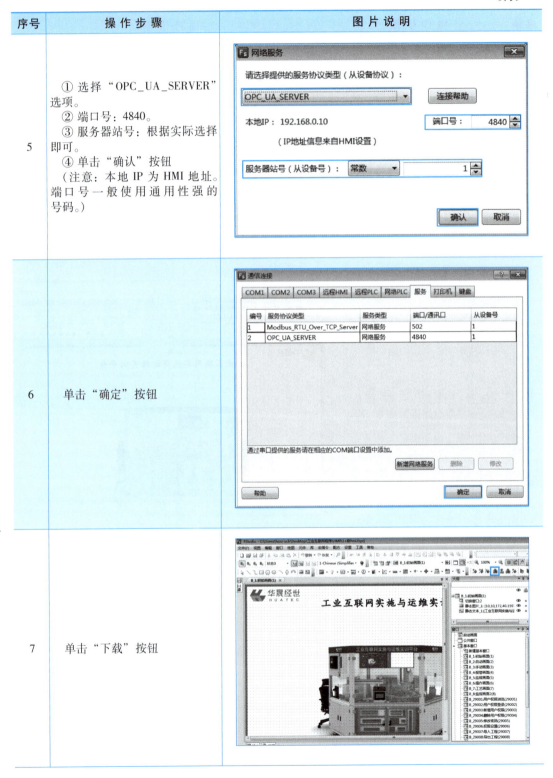
6	单击"确定"按钮	
7	单击"下载"按钮	

续表

序号	操 作 步 骤	图 片 说 明
8	① 选中"以太网"单选按钮，在其后输入 HMI 地址。 ② 选中"当前工程"单选按钮。 ③ 单击"下载"按钮	

（3）FLink（人机界面物联网扩展模块）配置

FLink 是 HMI 进行 OPC_UA 通信的附加模块。没有此模块 HMI 无法进行 OPC_UA 通信。FLink 首次使用，需要先进行配置，否则无法使用网关客户端（FlexManager）对 FLink 进行在线访问。具体操作步骤见表 1-26。

表 1-26　FLink 配置操作步骤

序号	操 作 步 骤	图 片 说 明
1	进入网关盒子配置界面 ① 打开 FlexManager。 ② 单击右侧"🔧"按钮。 ③ 在下拉列表中选择"配置工具"命令	
2	使软件与网关盒子建立连接 ① 选中"标准型"选项。 ② 选中"以太网"单选按钮。 ③ 单击"扫描"按钮	

续表

序号	操作步骤	图片说明
3	使软件与网关盒子建立连接 ① 选择"以太网"选项。 ② 选择"HMI"选项。 ③ 单击"确定"按钮 （注意：根据 IP 地址选择实际使用的 HMI。）	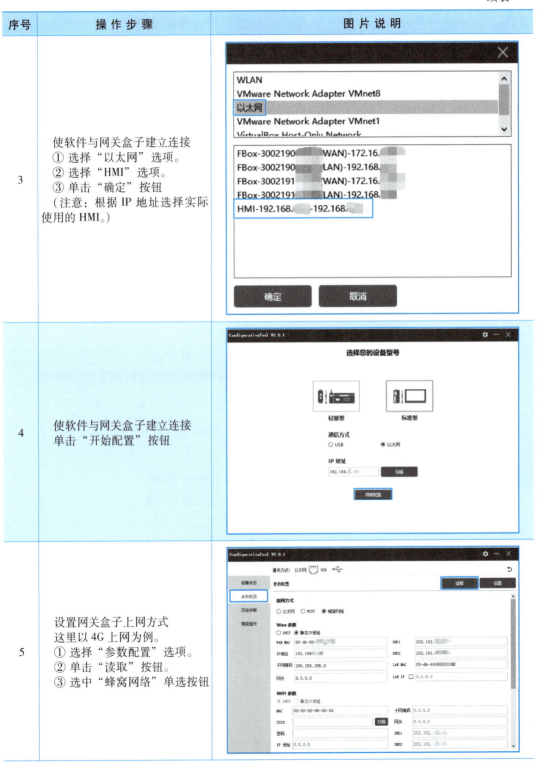
4	使软件与网关盒子建立连接 单击"开始配置"按钮	
5	设置网关盒子上网方式 这里以 4G 上网为例。 ① 选择"参数配置"选项。 ② 单击"读取"按钮。 ③ 选中"蜂窝网络"单选按钮	

续表

序号	操 作 步 骤	图 片 说 明
6	设置网关盒子上网方式 ① 确认 IP 地址无误。 ② 单击"设置"按钮 （注意：IP 地址与 HMI 地址一致即可。）	
7	设置网关盒子上网方式 单击"OK"按钮	
8	设置网关盒子上网方式 单击"重启"按钮	

续表

序号	操作步骤	图片说明
9	设置网关盒子上网方式 单击"OK"按钮 （注意：等待时间 20~30 秒。）	

（4）FlexManager 关联网关盒子

使用网关客户端 FlexManager 对 FLink 配置后，还需要对网关盒子进行关联才能使用。具体操作步骤见表 1-27。

表 1-27　XEdge 关联网关盒子操作步骤

序号	操作步骤	图片说明
1	① 单击"＋"按钮。 ② 在弹出的列表中选择"添加盒子"命令	
2	① XEdge 序列号：根据网关盒子的 S/N 号码填写。 ② XEdge 密码：根据包装信息填写。 ③ XEdge 别名：盒子自定义名称（需使用英文，否则数据传输过程可能出错）	

续表

序号	操 作 步 骤	图 片 说 明
3	单击"确定"按钮	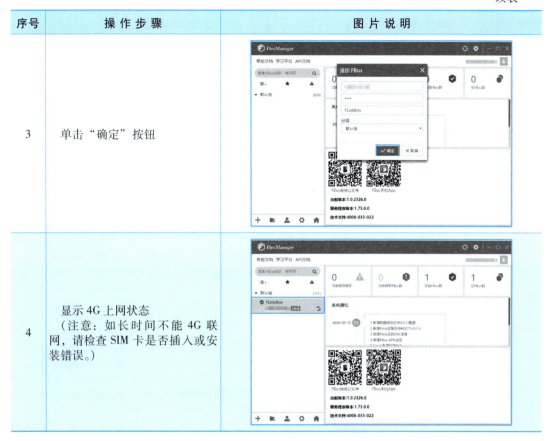
4	显示 4G 上网状态 （注意：如长时间不能 4G 联网，请检查 SIM 卡是否插入或安装错误。）	

（5）FLink 通信方式查看

添加完盒子，需要查看 FLink 当前的通信方式。FLink 的通信方式在 HMI 添加 OPC_UA 设置时是同步进行的，因此在下载 HMI 工程时已经把需要的通信方式下载到了 FLink 中，只需检查是否下载成功即可。具体操作见表 1-28。

表 1-28　FLink 通信方式查看操作步骤

序号	操 作 步 骤	图 片 说 明
1	选择 FLinkBox	

续表

序号	操 作 步 骤	图 片 说 明
2	① 选择"远程下载"标签。 ② 单击"设备管理"按钮	
3	内容与 HMI 设置一致即可	

（6）数据监控采点添加与同步

确认通信方式无误后使用汉云网关客户端进行采点添加，使 FLink 对 PLC 内的数据进行采集。采点信息完后此点位数据只存在于 FlexManager，因此要同步到硬件参数内网关才能读取到信息。具体操作见表 1-29。

微课 1-11
适配 OPC 的网关
数据采集

表 1-29　数据监控采点添加与同步操作步骤

序号	操 作 步 骤	图 片 说 明
1	创建新采点 ① 选择 FLinkBox。 ② 选择"数据监控"标签。 ③ 单击"新建监控"按钮	

续表

序号	操作步骤	图片说明
2	采点信息填写与配置 ① 选中"直接使用地址"单选按钮。 ② 填写名称 （注意：数据监控下名称命名方式需要注意，原则上不使用中文、空格，可以使用英文与数字，否则在设备画像中无法添加采点。另有部分英文符号可以使用，如 -、_、（、）、·、[、]。）	
3	采点信息填写与配置 ① 根据实际填写连接设备、站号、数据类型、地址类型、地址、整数位、小数位、单位等信息。 ② 单击"确定"按钮	
4	采点信息填写与配置 此时"数据监控"面板下可以看到采点信息以及采集的数据	

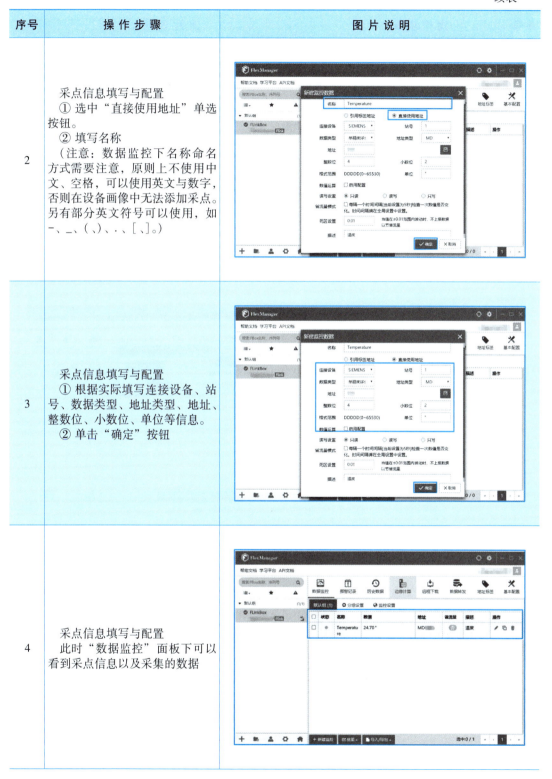

续表

序号	操 作 步 骤	图 片 说 明
5	采点批量导入 ① 单击"导入/导出"按钮。 ② 在弹出的列表中选择"导入CSV"命令	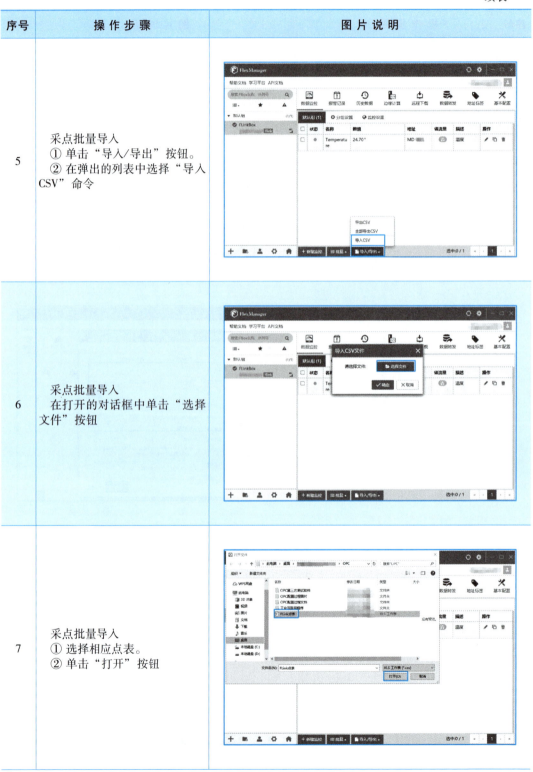
6	采点批量导入 在打开的对话框中单击"选择文件"按钮	
7	采点批量导入 ① 选择相应点表。 ② 单击"打开"按钮	

续表

序号	操 作 步 骤	图 片 说 明
8	采点批量导入 单击"确定"按钮 （注意：如点表内容有错，系统会提示相应的报警。）	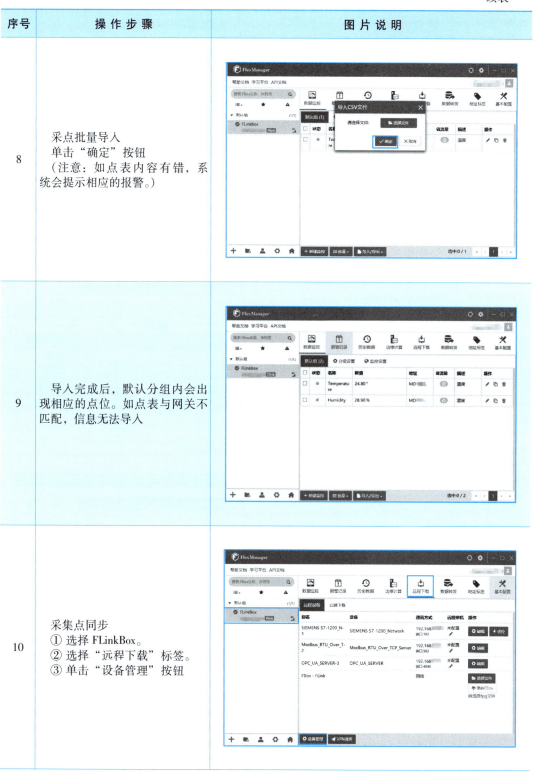
9	导入完成后，默认分组内会出现相应的点位。如点表与网关不匹配，信息无法导入	
10	采集点同步 ① 选择 FLinkBox。 ② 选择"远程下载"标签。 ③ 单击"设备管理"按钮	

续表

序号	操作步骤	图片说明
11	采集点同步 ① 选择"云服务"标签。 ② 直接单击"同步监控点"按钮	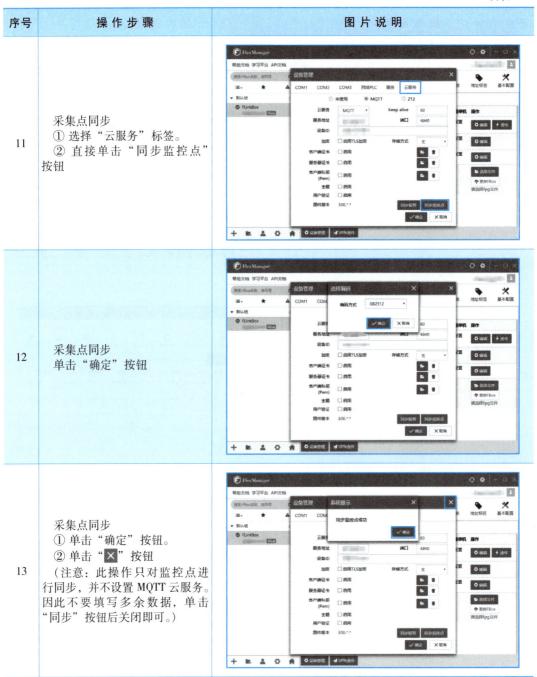
12	采集点同步 单击"确定"按钮	
13	采集点同步 ① 单击"确定"按钮。 ② 单击"✕"按钮 （注意：此操作只对监控点进行同步，并不设置 MQTT 云服务。因此不要填写多余数据，单击"同步"按钮后关闭即可。）	

（7）OPC_UA 通信测试

通过上述步骤，已经把 HMI 和 FLink 的 OPC_UA 通信功能激活并且添加了相应的采集点，接下来要使用第三方软件 UaExpert 进行 OPC_UA 通信测试以及获取采点参数，验证是否激活成功。具体操作见表 1-30。

表 1-30　数据监控采点添加操作步骤

序号	操　作　步　骤	图　片　说　明
1	① 打开 UaExpert ② 单击"➕"按钮	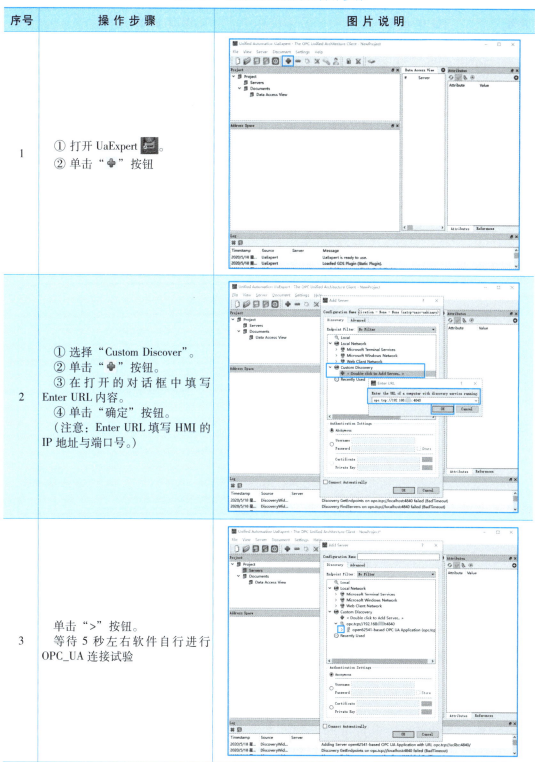
2	① 选择"Custom Discover"。 ② 单击"➕"按钮。 ③ 在打开的对话框中填写 Enter URL 内容。 ④ 单击"确定"按钮。 （注意：Enter URL 填写 HMI 的 IP 地址与端口号。）	
3	单击">"按钮。 等待 5 秒左右软件自行进行 OPC_UA 连接试验	

续表

序　号	操　作　步　骤	图　片　说　明
4	单击"Yes"按钮	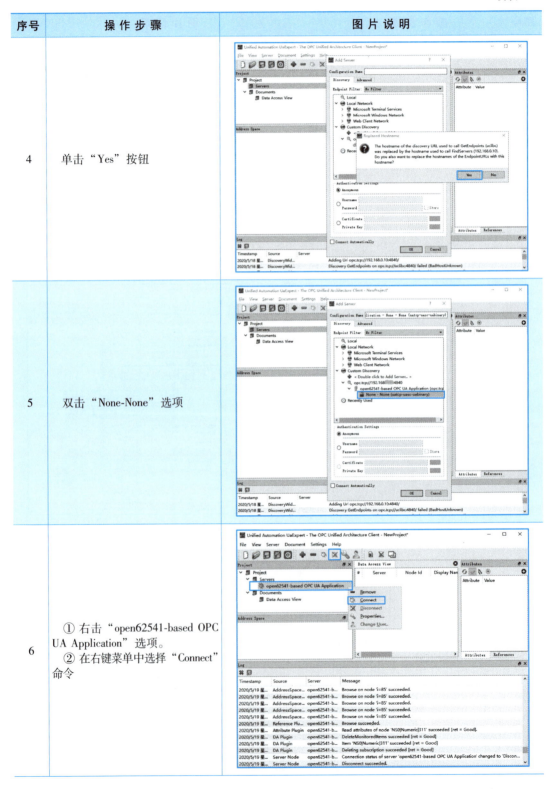
5	双击"None-None"选项	
6	① 右击"open62541-based OPC UA Application"选项。 ② 在右键菜单中选择"Connect"命令	

续表

序号	操 作 步 骤	图 片 说 明
7	连接成功，显示在 FlexManager 内所配置过的 Humidity 与 Temperature 数据	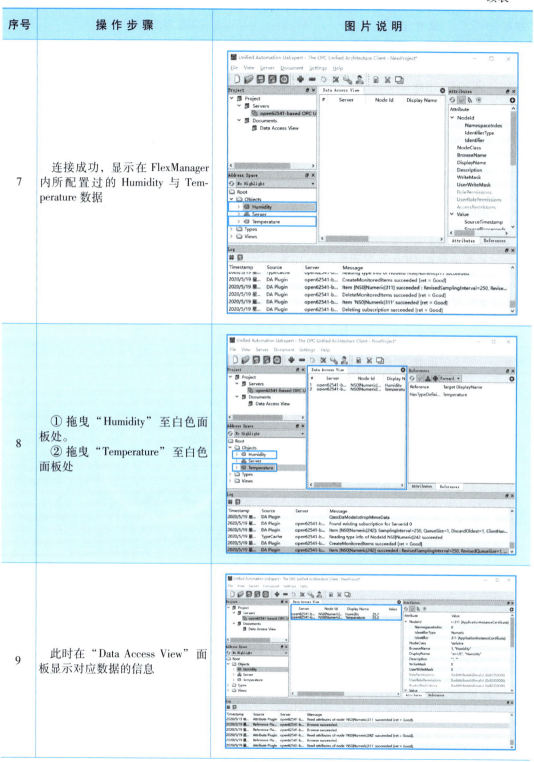
8	① 拖曳"Humidity"至白色面板处。 ② 拖曳"Temperature"至白色面板处	
9	此时在"Data Access View"面板显示对应数据的信息	

续表

序号	操 作 步 骤	图 片 说 明
10	① 选择"Attributes"。 ② 选择"Humidity"可查看点位信息。 ③ 选择"Temperature"可查看点位信息。 ④ 记录右侧方框处信息，以备后续智能终端 OPC 开发系统填写变量地址	

（8）智能终端 OPC 开发系统工程下载

OPC_UA 通信测试成功后要在智能终端 OPC 开发系统下进行工程添加，并把工程下载到网关盒子内。具体操作见表 1-31。

表 1-31 智能终端 OPC 开发系统工程下载操作步骤

序号	操 作 步 骤	图 片 说 明
1	智能终端 OPC 开发系统工程创建 ① 打开"智能终端 OPC 开发系统"。 ② 单击"🗐"按钮。 ③ 名称："自定义"。 ④ 单击"确定"按钮	
2	智能终端 OPC 开发系统工程创建 ① 右击"OPC_UA"。 ② 在右键菜单中选择"新建工程"命令	

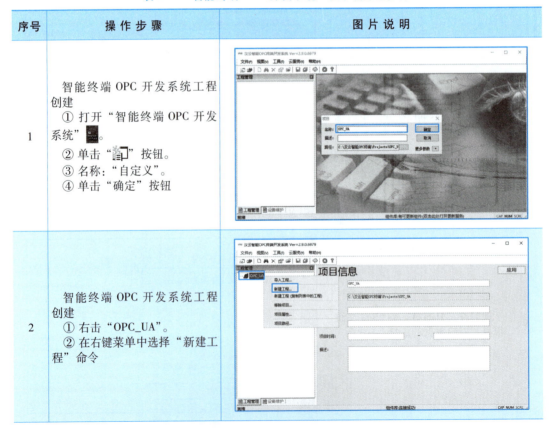

续表

序号	操作步骤	图片说明
3	智能终端 OPC 开发系统工程创建 ① 名称"自定义"。 ② 单击"OK"按钮	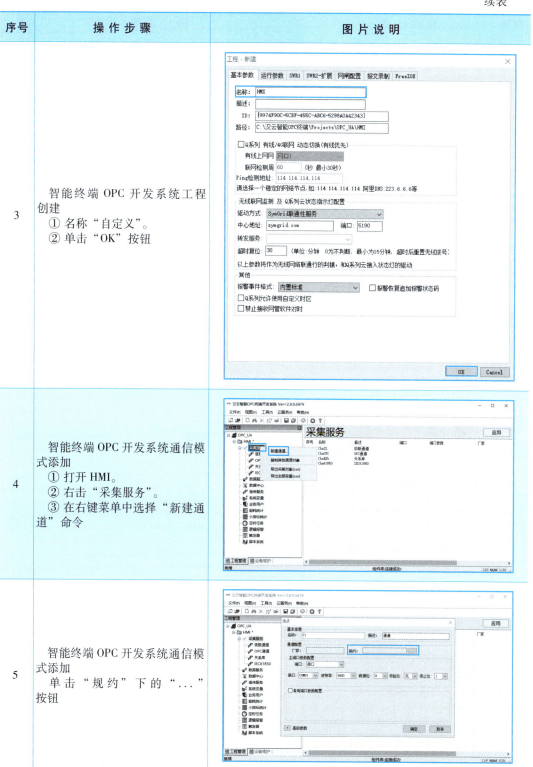
4	智能终端 OPC 开发系统通信模式添加 ① 打开 HMI。 ② 右击"采集服务"。 ③ 在右键菜单中选择"新建通道"命令	
5	智能终端 OPC 开发系统通信模式添加 　单击"规约"下的"..."按钮	

续表

序号	操 作 步 骤	图 片 说 明
6	智能终端 OPC 开发系统通信模式添加 　① 选择"行业标准"→"OPC-UA-AO"。 　② 单击"确定"按钮	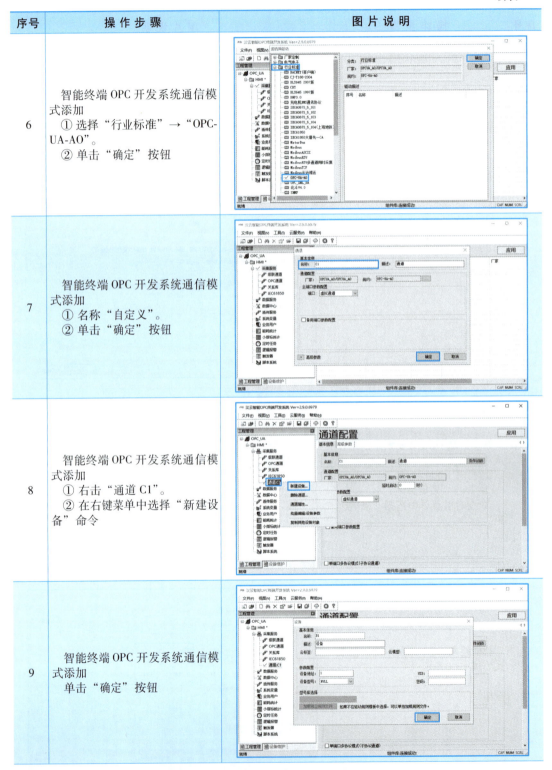
7	智能终端 OPC 开发系统通信模式添加 　① 名称"自定义"。 　② 单击"确定"按钮	
8	智能终端 OPC 开发系统通信模式添加 　① 右击"通道 C1"。 　② 在右键菜单中选择"新建设备"命令	
9	智能终端 OPC 开发系统通信模式添加 　单击"确定"按钮	

续表

序号	操 作 步 骤	图 片 说 明
10	智能终端 OPC 开发系统通信模式添加 ① 选择"设备:B1 设备"。 ② 选择"高级参数"标签。 ③ 右侧下拉窗口。 ④ 根据实际填写 URL。 ⑤ 单击"应用"按钮	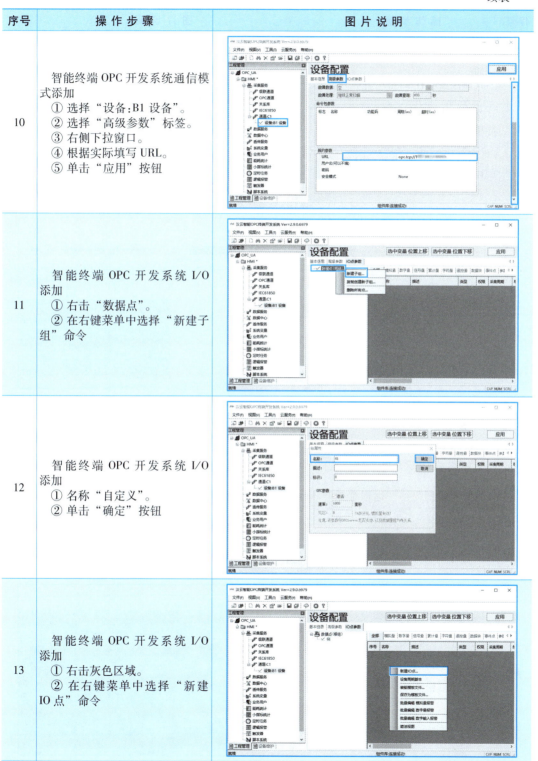
11	智能终端 OPC 开发系统 I/O 添加 ① 右击"数据点"。 ② 在右键菜单中选择"新建子组"命令	
12	智能终端 OPC 开发系统 I/O 添加 ① 名称"自定义"。 ② 单击"确定"按钮	
13	智能终端 OPC 开发系统 I/O 添加 ① 右击灰色区域。 ② 在右键菜单中选择"新建 IO 点"命令	

续表

序号	操 作 步 骤	图 片 说 明
14	智能终端 OPC 开发系统 I/O 添加 这里以添加 Humidity 为例 ① 名称"自定义"。 ② 访问 ID 类型、ID 请根据实际填写。 ③ 单击"OK"按钮。 （注意：访问 ID 类型、ID 根据 UaExpertOPC_UA 通信测试步骤 10 记录的信息填写。）	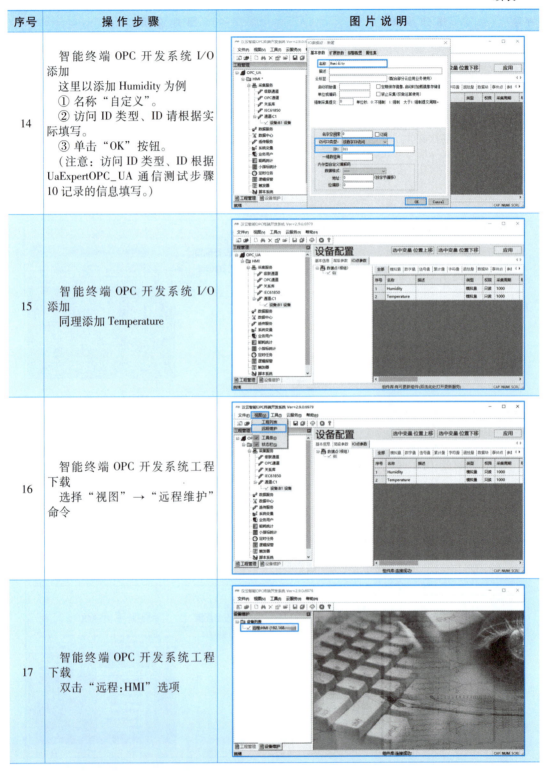
15	智能终端 OPC 开发系统 I/O 添加 同理添加 Temperature	
16	智能终端 OPC 开发系统工程下载 选择"视图"→"远程维护"命令	
17	智能终端 OPC 开发系统工程下载 双击"远程:HMI"选项	

续表

序号	操作步骤	图片说明
18	智能终端 OPC 开发系统工程下载 单击"登录"按钮	
19	智能终端 OPC 开发系统工程下载 单击"更新工程"按钮	
20	智能终端 OPC 开发系统工程下载 单击"…"按钮	
21	智能终端 OPC 开发系统工程下载 ① 在打开的对话框中选择"工程列表"→"OPC_UA"→"HMI"。 ② 单击"确定"按钮	

续表

序号	操 作 步 骤	图 片 说 明
22	智能终端 OPC 开发系统工程下载 单击"确定"按钮	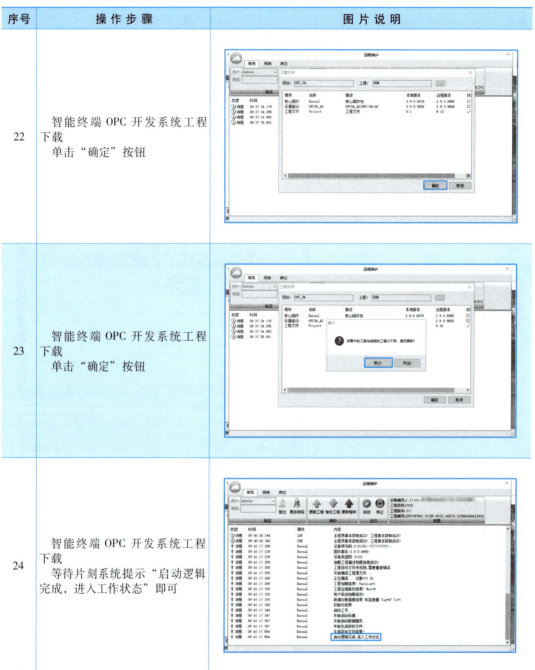
23	智能终端 OPC 开发系统工程下载 单击"确定"按钮	
24	智能终端 OPC 开发系统工程下载 等待片刻系统提示"启动逻辑完成，进入工作状态"即可	

（9）智能终端 OPC 网管系统查看采集信息

在智能终端 OPC 开发系统下进行工程添加后，网关盒子会对添加的点位信息进行采集，可以在智能终端 OPC 网管系统中查看采集到的点位信息。具体操作见表 1-32。

表 1-32　智能终端 OPC 网管系统查看采集信息操作步骤

序号	操 作 步 骤	图 片 说 明
1	① 打开"智能终端 OPC 网管系统"。 ② 在窗口左侧双击"test"	
2	选择"设备数据库"→"C1通道"→"B1 设备"→"G1"	
3	此时方框处能查看到采集点位的相应数据	

完成数据采集后，通过查看实际的数据，验证网关采集数据准确性。

1.2.5　故障分析与处理

微课 1-12
常见故障分析与处理

在中级中，已经能够识别网关通信与数据采集的故障现象，即能发现故障。在此需识别故障类型，分析和处理故障。

（1）XEdge 中采点状态显示红色，无数值显示

串口通信：检查串口通信线是否连接正常，接触是否良好；检查网关串口 TX 状态灯

是否正常闪烁，如有异常闪烁，检查远程下载中设备通信参数和 PLC 硬件配置参数是否符合要求。

网口通信：首先确认 PLC 的 IP 地址是否正确，然后确认 PLC 与网关 LAN 口的 IP 地址在同一网段且互相不冲突。使用 ping 命令检测 PLC 的 IP 地址是否可以 ping 通；检查 PLC 硬件配置参数是否开放通信接口；检查 PLC 是否处于报警状态或者 STOP 状态；检查网关远程下载中 PLC 驱动类型是否正确，通信端口是否正确。

（2）网关添加到 XEdge 软件中，长时间处于不在线状态

4G 网联网：检查 SIM 卡是否能正常上网，是否有充足流量，可以插到手机上验证，如在手机上可以正常上网，可在网关上插拔后再试；检查 XEdge 软件版本是否为 1.0.1939.0 及以上版本；使用 XEdge 软件配置工具，确认网关登录服务器 URL 地址是否为 "app.moc.hanyunapp.cn"，如不是，按此修改后重启网关。

有线以太网或 Wi-Fi 联网：首先使用计算机或者手机检查网络是否能正常联通，确保现场没有 MAC 地址限制，其次检查网关自动获取或者静态分配的 IP 地址是否与网关 LAN 口 IP 地址冲突，有冲突则需更改。使用 XEdge 软件配置工具，确认网关登录服务器 URL 地址是否为 "app.moc.hanyunapp.cn"，如不是，按此修改后重启网关。

（3）删除网关

在"基本配置"选择"基本信息"标签，单击"清除数据"按钮，可以选择盒子下的监控点、报警条目、报警历史数据、历史条目、历史条目数据、边缘计算项进行快速删除，如图 1-35 所示清除数据。

图 1-35　清除数据

在"基本配置"选择"基本信息"标签，单击"删除盒子"按钮，删除网关盒子信息，如图 1-36 所示删除盒子。

图 1-36　删除盒子

【任务回顾】

【知识点总结】

1. SoftPerfect Network Scanner 是一个免费的多线程局域网 IP 地址扫描工具，可以检测用户自定义的端口并报告已打开的端口，解析主机域名和自动检测本地 IP 地址，监听 TCP 端口，并显示共享在网络上（包括系统和隐藏）的各类资源，可以用来分析当前网络中的流量，并找出网络中潜在的问题。

2. 网关管理软件 XEdge 客户端可实现远程监控下载、数据读写、故障报警、视频监控和历史数据记录等功能。

【思考与练习】

1. 简述服务器 IP 地址、西门子 PLC IP 地址、ABB 机器人 IP 地址设置方法。

2. 简述 Hanyun_Box_PLC 网关配置和数据采集的操作步骤。

3. 简述 Hanyun_Box_CNC 网关配置和数据采集的操作步骤。

4. 简述 Hanyun_Box_OPC 网关配置和数据采集的操作步骤。

【项目总结】

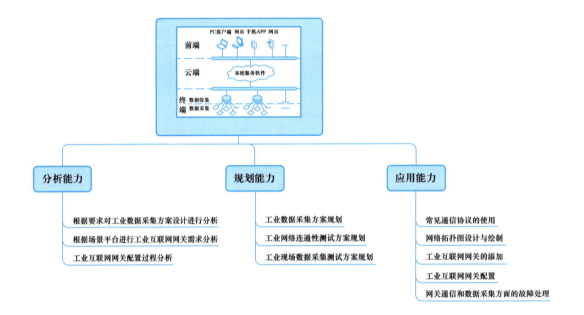

分析能力
- 根据要求对工业数据采集方案设计进行分析
- 根据场景平台进行工业互联网网关需求分析
- 工业互联网网关配置过程分析

规划能力
- 工业数据采集方案规划
- 工业网络连通性测试方案规划
- 工业现场数据采集测试方案规划

应用能力
- 常见通信协议的使用
- 网络拓扑图设计与绘制
- 工业互联网网关的添加
- 工业互联网网关配置
- 网关通信和数据采集方面的故障处理

项目2 工业数据上云与维护

【项目引入】

汽车生产线的工业数据采集完成之后，工业互联网项目继续进行，需要将数据上传云端并进行维护，如图 2-1 所示中虚线框区域。

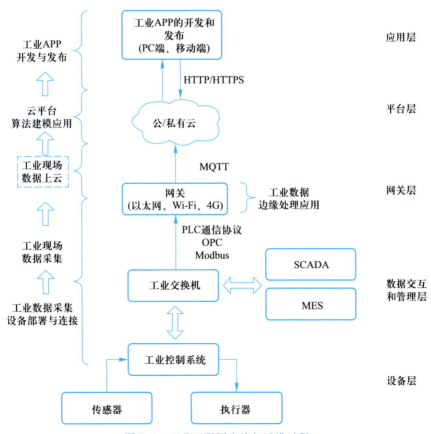

图 2-1 工业互联网实施与运维过程

在数据上传至云平台的过程中，网关与云平台间通过指定通信协议、建立相同网关、配置数据三大步骤实现数据上云。在此基础上，为了方便管理与运行，云平台上还需进行基础的平台维护与大数据的运维工作，如图 2-2 所示。

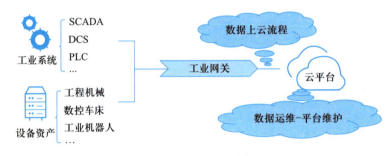

图 2-2　数据上云分析

在实施数据上云之前，需要明确信息，见表 2-1。

表 2-1　数据上云信息

工业设备型号		云服务 IP 地址	
网关型号		云服务端口号	
网关联网方式		云服务用户名	
网关至云端通信协议		云服务密码	

其中工业设备型号来自项目实际信息，网关型号、网关联网方式已在项目 1 中确定，云服务 IP 地址、端口号、用户名、密码来自云平台服务商的实际信息，至于网关至云端通信协议选择什么，将在本项目中解决，具体内容见表 2-2。

表 2-2　数据上云信息具体内容

工业设备型号	SIEMENS-200-SMART	云服务 IP 地址	略
网关型号	汉云 Box-PLC	云服务端口号	略
网关联网方式	4G	云服务用户名	略
网关至云端通信协议		云服务密码	略

【知识图谱】

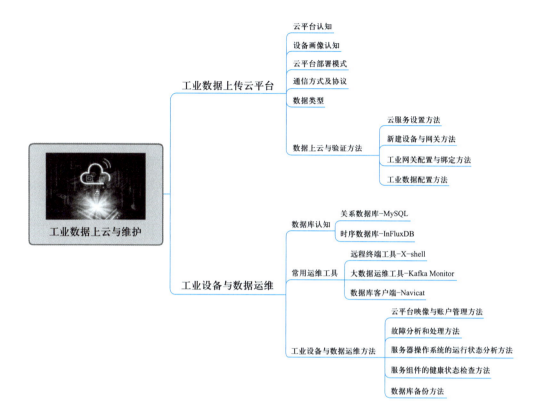

任务 2.1　工业数据上传云平台

【任务描述】

明确了数据上云所需信息，仅仅是项目工作的第一步。紧接着要在相应软件中指定通信协议、设置云服务信息、同步数据，然后在云平台上配置网关和数据。

云平台选择什么部署模式？

网关数据上传至云端使用什么协议？

在云平台上要如何配置数据？

如何测试云平台与边缘层的通信状态？

回答了以上问题，并完成实施，即完成了工业数据的上云操作。

【知识学习】

微课 2-1
工业互联网平台认知

2.1.1　云平台认知

1. 工业互联网平台简介

工业互联网作为新一代信息技术与制造业深度融合的产物，通过实现人、机、物的全面互联，构建起全要素、全产业链、全价值链全面连接的新型工业生产制造和服务体系，成为支撑第四次工业革命的基础设施。工业互联网平台面向制造业数字化、网络化、智能化需求，构建基于海量数据采集、汇聚、分析的服务体系，支撑制造资源泛在连接、弹性供给、高效配置的工业云平台。

中国工业互联网产业联盟梳理总结出工业互联网平台架构，核心要素包括边缘层、平台层（工业 PaaS）、应用层（工业 SaaS），如图 2-3 所示。

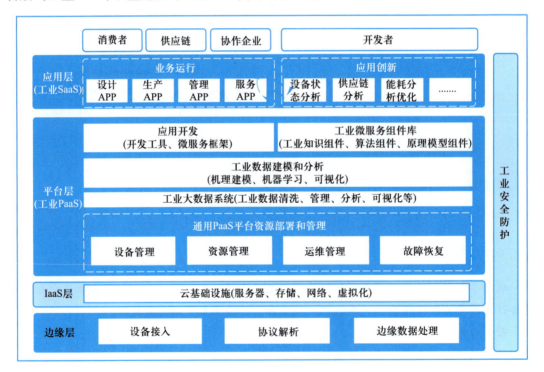

图 2-3　工业互联网平台架构

① 边缘层：主要通过深层次采集数据并实现不同协议数据基层汇聚，作为工业互联网平台驱动源头，主要依赖物联网技术面向设备、系统、产品、软件等要素数据进行实时采集和以智能网关为代表的新型边缘计算设备实现智能传感器和设备数据的汇集处理。

② 平台层（工业 PaaS）：平台层是核心，基于工业 PaaS 架构集成了工业服务、大数

据服务、应用开发功能，媲美移动互联网操作系统。将云计算、大数据技术与工业经验知识相结合，形成工业数据基础分析能力，把技术、知识、经验等资源固化为专业软件库、应用模型库、专家知识库等移植、复用的开发工具和微服务。

③ 应用层（工业 SaaS）：应用层是关键，基于开放环境部署应用，面向工业各环节场景，是工业互联网平台服务的最终输出。面向智能化生产、网络化协同、个性化定制、服务化延伸等智能制造和工业互联网典型应用场景，为用户提供各类在平台中定制化开发的智能化工业应用的解决方案。

④ 云基础设施（IaaS）：提供给消费者的服务是对所有计算基础设施的利用，包括处理 CPU、内存、存储、网络和其他基本的计算资源，用户能够部署和运行任意软件，包括操作系统和应用程序。消费者不管理或控制任何云计算基础设施，但能控制操作系统的选择、存储空间、部署的应用，也有可能获得有限制的网络组件（如路由器、防火墙、负载均衡器等）的控制。

2. 汉云工业互联网平台

汉云平台作为国际级跨行业、跨领域的工业互联网平台，创造性地将云计算、大数据、物联网、人工智能等新一代信息技术与先进的制造技术相结合，改变制造业传统的生产、经营、决策模式。汉云为工业资源泛在连接、工业数据集成分析、工业应用开发创新提供了一个安全性高、扩展性强、灵活部署的开发运行环境，让企业打通 IT 与 OT 界限，融合设备、产品与 IT 系统的数据，基于对数据的洞察与分析为用户带来更强大的设备资产运维能力、生产制造执行能力、工艺质量优化能力、产品售后服务能力、物流运输调度能力，最终实现数字化、智能化转型。汉云互联网平台架构如图 2-4 所示。

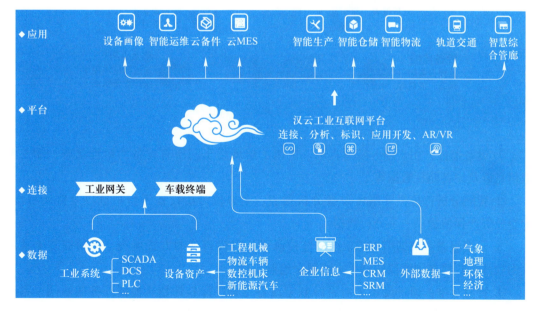

图 2-4   汉云互联网平台

汉云平台拥有四大特色：

① 广泛、快速的设备接入能力：广泛适配多种数据制式；移动设备的快速大批量接入；固定设备的自动化改造及快速接入。

② 将标识解析与工业互联网融合：打造工业互联的关键底层基础设施；为每个设备提供唯一身份证；异地异主异构数据互联互通。

③ 设备管理APP专家：从状态监测、故障诊断、远程运维、预测性维护、能耗优化等方面为设备赋能，提升设备的管理、运营能力。

④ 沉淀丰富的机理模型：生长于制造业的土壤，带有制造业的天然基因，沉淀了大量通用化、标准化工业机理模型，可以直接提供给用户或者合作伙伴使用。

微课2-2
认知设备画像

2.1.2　设备画像认知

设备画像工业APP基于汉云工业互联网平台开发，是一个轻量化、方便快捷的设备云端监控管理及数据分析软件，帮助用户实现快速设备上云，提高设备利用率，减少设备异常损失，优化生产过程及提升售后服务效率。

（1）设备画像的主要功能

包括设备监控、智能分析、云端组态、智慧运维、移动APP，设备画像的主要功能如图2-5所示。

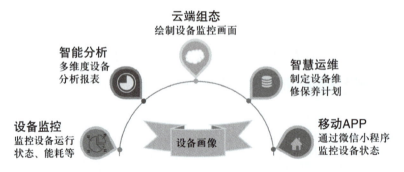

图2-5　设备画像主要功能

① 设备监控：用户随时随地直观、快速了解现场车间所有设备的运行状态、加工参数信息以及设备能耗数据等。

② 智能分析：提供多维度设备分析报表，全方位分析设备工作负载以及健康程度，为企业资产保值提供一手分析数据。

③ 云端组态：根据用户需求绘制监控画面，以最直观的方式展现，无须安装单独的绘图软件，直接在浏览器端即可完成整个绘制工作。

④ 智慧运维：通过设备云对系统制定设备维修、保养计划。根据任务的不同，系统自动分配任务给相关的负责人，提升了整个维护过程的规范化、自动化以及可追溯性。

⑤ 移动 APP：客户通过微信小程序即可完成设备数据监控，使用方便灵活。

（2）设备画像特点

设备画像 APP 是一款低门槛、低成本、快部署、轻实施、使用方便、协议适配度高、平台配置灵活的设备互联 SaaS 应用，提供"标准硬件+订阅服务"的商业模式，轻松实现30 分钟设备上云，一键获取应用功能，设备画像特点如图 2-6 所示。

图 2-6　设备画像特点

① 快速接入、成本低：客户只需提供设备采点地址，即可在 30 分钟内快速完成设备上云。采用云平台集中化管理，对外提供 SaaS 租户服务，每个客户端的摊销成本低，访问方式多样（小程序+PC 端）。

② 快部署、轻实施：兼容各种开发环境，摆脱传统工业软件约束，采用微服务开发，采用容器技术，方便快速部署和实施。

③ 使用方便：通过对客户设备端加装智能网关，客户通过微信小程序即可完成设备数据监控，PC 端可通过浏览器方式接入设备信息，并进行相关报表统计分析查看。

④ 协议适配度高：通过对设备与智能网关的接口配置，快速完成设备连接，通过信息点导入，实现数据快速上云。目前智能网关支持 95% 以上的工业协议，可以实现设备快速连接。

⑤ 平台配置灵活：软件系统有很多模板，可以方便调用，后期用户可以自行在系统上增添设备进行配置。

2.1.3　云平台部署模式

"云"是指计算分布在大量的分布式计算机上，而非本地计算机或远程服务器中，简单来讲"云"可以理解为服务器，通过部署服务器采用互联网的形式采集现场设备数据，经过计算与分析后输出给各类平台或 APP。在部署当中根据用户的业务场景、特点、安全等多方面因素，可考虑选择不同的云模式。具体分类及参考见表 2-3。

表 2-3   云部署分类

分　类	特　　点	适合行业和客户
私有云	自主可控、数据私密性好	金融、医疗、政府大客户
公有云	规模化、运维可靠、弹性强	游戏、视频、教育等
混合云	弹性、灵活但架构复杂	金融、医疗等

1. 私有云

私有云（Private Clouds）是为一个客户单独使用而构建的，因而提供对数据、安全性和服务质量的最有效控制。客户拥有基础设施，并可以控制在此基础设施上部署应用程序的方式。私有云可部署在企业数据中心的防火墙内，也可以部署在一个安全的主机托管场所，私有云的核心属性是专有资源。私有云特点包括数据安全、自主可控、私密性好，如图 2-7 所示。

图 2-7   私有云特点

私有云包括以下 3 个部分：

① 私有云平台：向用户提供各类私有云计算服务、资源和管理系统。

② 私有云服务：提供资源和计算能力为主的云服务，包括硬件虚拟化、集中管理、弹性资源调度等。

③ 私有云管理平台：负责私有云计算各种服务的运营，并对各类资源进行集中管理。

2. 公有云

公有云通常指第三方提供商为用户提供的能够使用的云，公有云一般可通过 Internet 使用，可能是免费或成本低廉的，公有云的核心属性是共享资源服务。采用公有云服务的企业将数据托管于云服务商的数据中心，企业对数据的掌握力度自然减弱。一旦数据中心因自然灾害、人为因素或法律规范等各方面因素导致数据丢失，将对企业形成严重伤害。公有云和私有云比较见表 2-4。

表 2-4　公有云与私有云比较

模式/特性	公 有 云	私 有 云
用户	创业公司、个人	政府、大企业
业务场景	对外互联网业务	政企内部业务
技术架构	自研架构关注分布式、大集群	OpenStack 开源架构关注度高可用、灵活性
兼容性	根据公有云要求来修改自身业务达到适配	主动兼容和适配自身业务
安全	主机层实现安全隔离	网络层实现安全隔离
定制	非特殊，不能定制	灵活定制，与现有系统进行集成
成本	初期成本低；后期业务量大时，成本高	初期成本高；随着业务量增加，后期成本低
运维	用户无法自主运维，公有云服务商统一运维	自主运维，也可托管给第三方运维

公有云的计算模型分为 3 个部分：

① 公有云接入：个人或启用统一通过普通的互联网来获取云计算，公有云中的"服务接入点"负责对接入的个人或企业进行认证，判断权限和服务条件等，通过"审查"的个人和企业，就可以进入公有云平台并获取相应的服务了。

② 公有云平台：负责组织协调计算资源，并根据用户的需要提供各种计算服务。

③ 公有云管理：对"公有云接入"和"公有云平台"进行管理监控，它面向的是端到端的配置、管理和监控，为用户可以获得更优质的服务提供了保障。

3. 混合云

混合云顾名思义就是公有云和私有云的结合，是在成本和安全方面的一种折中方案，是近年来云计算的主要模式和发展方向，如图 2-8 所示。

图 2-8　混合云是公有云和私有云的结合

出于安全考虑，企业更希望将数据存放在私有云中，但是同时又希望可以获得公有云的计算资源，在这种情况下混合云被越来越多的企业采用，它将公有云和私有云进行混合和匹配，以获得最佳的效果。这种个性化的解决方案，达到了既省钱又安全的目的。数据依然是存到本地的机器上，但是一旦出现大规模的访问或者计算时，混合云就会把这部分计算的需求转移到公有云平台上，实现不同场景的切换。与此同时，在混合云方案中，私有云还常常把公有云作为灾难恢复和灾难转移的平台。混合云在使用起来具有更高的灵活性，是企业在考虑成本效益时的首选方案。

2.1.4　通信方式及协议

微课 2-3
通信方式及通信协议

1. 通信方式

网关与平台间的通信简单来说就是联网方式，映射到人们的日常生活当中就是 4G、Wi-Fi、以太网 3 种最为常见的上网方式。联网方式的选择需根据现场条件及具体要求决定，若工厂在各地方分布存在距离问题的情况下 4G 的联网方式是最好的选择，4G 的上网方式打破了距离的局限性，平台与网关设备在 4G 信号覆盖的情况下即可实现通信。相对于以太网和 Wi-Fi 来说，4G 的缺点为传输速度较为缓慢与不稳定，并且用户还需缴纳流量费用。以太网和 Wi-Fi 联网方式受限于网线及 Wi-Fi 信号的覆盖面积，但通信较快，相对稳定且无须缴纳费用，见表 2-5。

表 2-5　通信方式分类及特点

通信方式	是否进行配置	特　　点
4G（4G）	否	无须配置参数，安装 SIM 卡且在 SIM 卡、天线和网关正常通电下即可实现通信
（以太网）	是	受限于以太网电缆及部署条件，需根据现场环境配置具体上网信息
（Wi-Fi）	是	需部署无线路由器或热点类设备，施工简单，需根据现场环境配置具体上网信息

2. 通信协议

通信协议又称通信规程，是指通信双方对数据传送控制的一种约定。约定中包括对数据格式、同步方式、传送速度、传送步骤、检验纠错方式以及控制字符定义等问题做出统一规定，通信双方必须共同遵守，它也叫做链路控制规程。

工业数据通过互联网的形式上传至云平台，要实现设备端与服务器端的实时通信必须规定两者间通信协议。常用通信有 MQTT 和 HTTP 协议，特性对比见表 2-6。

表 2-6   通信协议

标　　准	MQTT	HTTP
机密性	是	是
对不稳定网络的容忍	是	否
低协议开销	是	否
低功耗	是	否
数百万个连接客户	是	否
推送通信	是	是
客户端平台差异	是	是
防火墙容错	是	是

（1）MQTT 协议

MQTT（消息队列遥测传输）是 IBM 开发的一个即时通信协议，也是基于客户端-服务器的消息发布/订阅传输协议，如图 2-9 所示。该协议支持所有平台，几乎可以把所有联网物品和外部连接起来，有可能成为物联网的重要组成部分。

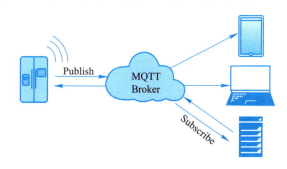

图 2-9   MQTT 通信协议

MQTT 协议是为大量计算能力有限，且工作在低带宽、不可靠的网络的远程传感器和控制设备通信而设计的协议，它具有以下主要的几项特性：

- 使用发布/订阅消息模式，提供一对多的消息发布，解除应用程序耦合。
- 对负载内容屏蔽的消息传输。
- 使用 TCP/IP 提供网络连接。
- 小型传输，开销很小（固定长度的头部是 2 字节），协议交换最小化，以降低网络流量。
- 使用 Last Will 和 Testament 特性通知有关各方客户端异常中断的机制。

- 有 3 种消息发布服务质量：①"至多一次"，消息发布完全依赖底层 TCP/IP 网络，会发生消息丢失或重复，这一级别可用于环境传感器数据，丢失一次读记录无所谓，因为不久后还会有第 2 次发送。②"至少一次"，确保消息到达，但消息重复可能会发生。③"只有一次"，确保消息到达一次，可用在计费系统中，因为消息重复或丢失会导致不正确的结果。

（2）HTTP 协议

HTTP 是一个简单的请求-响应协议，如图 2-10 所示，它通常运行在 TCP 之上，指定了客户端可能发送给服务器什么样的消息以及得到什么样的响应。典型的 HTTP 事务处理过程如下：

① 客户与服务器建立连接。

② 客户向服务器提出请求。

③ 服务器接受请求，并根据请求返回相应的文件作为应答。

④ 客户与服务器关闭连接。

图 2-10 HTTP 通信协议

2.1.5 数据类型

在云平台端需将设备数据进行映射与配置，以真正意义上地完成数据上传云平台过程。在数据配置当中数据类型需根据实际数据进行设置，以保证数据的准确性和可实施性。数据类型是指对变量表示的值的形式和范围进行规定的属性。为应对数据的多样性，云平台端主要数据类型见表 2-7。

表 2-7 主要数据类型

类　　型	数 据 名 称	大　　小	范　　围
布尔型	Boolean	8 位	True/False
整数型	Byte	8 位	−128～127
	Short	16 位	−32 768～32 767
	Integer	32 位	−2 147 483 648～2 147 483 647
	Long	64 位	−9 223 372 036 854 775 808～9 223 372 036 854 775 807

续表

类　　型	数据名称	大　　小	范　　围
浮点型	Float	32 位	−3.4E+38～3.4E+38
	Double	64 位	−1.7E+308～1.7E+308
字符型	Char	16 位	0～65535
日期型	Date	8 位	1753-01-01～9999-12-31
	DateTime	8 位	1753-01-01 00:00:00～ 9999-12-31 23:59:59.99
字符串	String	（半角字符数+1）×位	半角英文数字 0～1985 字符； 中文为 0～661 字符
短整型	Word（字）	16 位/字	
	Dword（双字）	32 位/双字	

【任务实施】

微课 2-4
工业数据上传云平台

2.1.6　数据上云与验证

数据上云流程就是网关与平台两端建立相同通信、相同网关、数据映射的过程，在网关端需指定通信协议、设置云服务和同步报警及监控点的步骤，如图 2-11 所示。

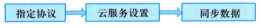

图 2-11　网关配置软件（XEdge）设置过程

平台端操作流程如图 2-12 所示，工程与设备型号的创建是为了对该项目更好分类与监控，设备绑定网关是关键也是进行数据配置的前提。

图 2-12　云平台（设备画像）设置过程

1. 云服务设置

根据任务介绍，首先对网关上云的通信协议进行选择。经过本任务中知识学习，知道MQTT 是目前最为常用的上云通信协议，并且介绍了它的优势。所以从市场应用和厂家建议角度出发，统一使用 MQTT 的上云协议进行设计和实施。

① 如果使用的是 Hanyun_Box_PLC 网关，在 Xedge 软件中在完成了现场设备的添加后，需要在本软件中选择想用的通信协议及云服务的设置工作。如图 2-13（a）所示，选择 MQTT 下的 FEMQTT_Standard 类型，IP 地址用默认的 192.168.1.1 即可。确定后继续在本界面的云服务选项下完成 MQTT 的服务地址（120.195.166.246）、端口号（1883）、设备 ID（网关编码）和本地的用户名及密码的设置。将报警及监控点同步后完成网关设置端的设定，如图 2-13（b）所示。

(a)   (b)

图 2-13   添加 MQTT 协议与云服务设置

② 如果使用的是 Hanyun_Box_CNC 网关，在窗口左侧选择"网关配置"→"网关信息"，在其中自定义网关 ID，单击"保存"按钮，如图 2-14 所示。

图 2-14   Hanyun_Box_CNC 网关信息

选择"网关推送"，完成启用 WebSocket、云平台、推送周期、地址、端口号、启用 MQTT SSL 等参数设置，单击"保存"按钮，然后单击"重启服务"按钮，如图 2-15 所示。

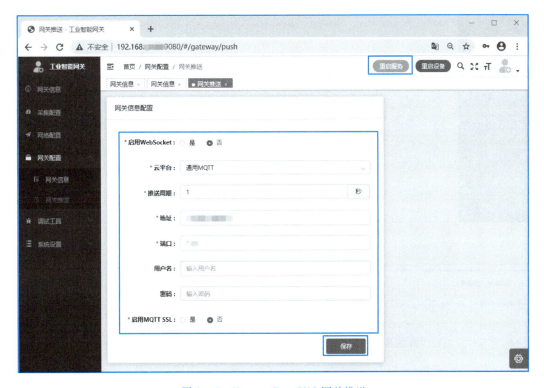

图 2-15　Hanyun_Box_CNC 网关推送

2. 新建设备与工程

在设备画像中进行网关设定前需建立设备和项目的名称、分类、编码、位置等基础信息数据，也为后期的查询与维护提供便利。一般情况下根据实际工程项目和设备信息进行填写即可。具体操作步骤如下。

① 在窗口左侧选择"基础数据"→"工程项目"，输入查询条件，单击"搜索"按钮，可以查找符合条件的工程项目，单击"重置"按钮可以清空查询条件，如图 2-16 所示。

② 单击"添加子项目"按钮，如图 2-17 所示。

③ 录入项目编码、项目名称、项目分类、项目地址、是否启用等信息，单击"保存"按钮，保存项目信息，如图 2-18 所示。

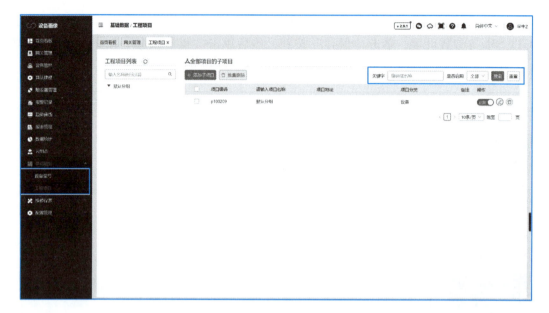

图 2-16　工程配置操作步骤-1

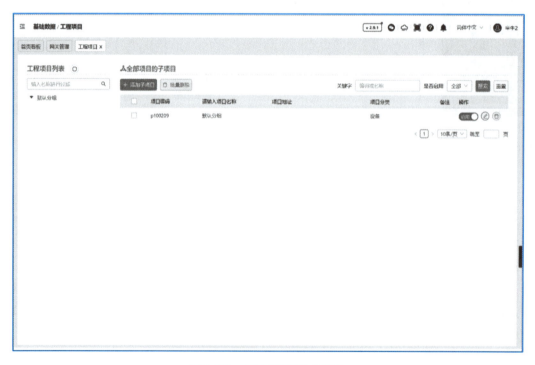

图 2-17　工程配置操作步骤-2

④ 在"工程项目"列表，查看创建的工程项目。单击待编辑的工程项目所在行的"编辑"按钮，如图 2-19 所示，可以对工程项目进行编辑，编辑完成后，单击"保存"按钮，返回主页面，并提示操作成功。

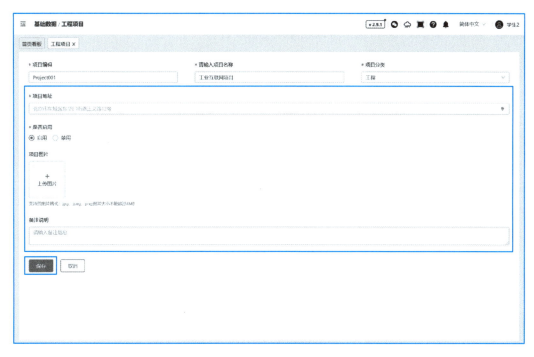

图 2-18　工程配置操作步骤-3

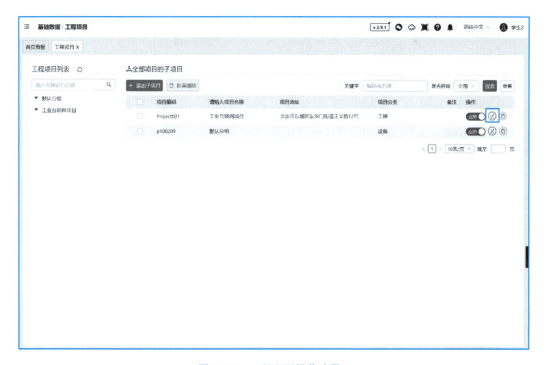

图 2-19　工程配置操作步骤-4

⑤ 在"工程项目"列表，查看创建的工程项目，单击待删除的工程项目所在行的"删除"按钮，如图 2-20 所示，可以删除该工程项目。

图 2-20　工程配置操作步骤-5

⑥ 弹出"您确定要删除该记录吗?"的提示，单击"确定"按钮，系统提示操作成功，如图 2-21 所示。

图 2-21　工程配置操作步骤-6

⑦ 在窗口左侧选择"基础数据"→"设备型号"，单击"新增"按钮，如图 2-22 所示。

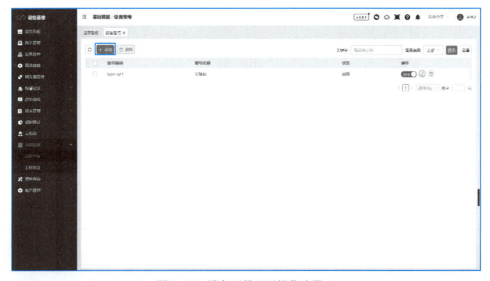

图 2-22　设备型号配置操作步骤-1

⑧ 设置设备型号编码、型号名称、型号分类等信息，单击"保存"按钮，如图 2-23 所示。

图 2-23　设备型号配置操作步骤-2

⑨ 在"设备型号"列表，查看创建的设备型号，单击待编辑的设备型号所在行的"编辑"按钮，如图 2-24 所示，对设备型号进行编辑，编辑完成后，单击"保存"按钮，返回主页面，并提示操作成功。

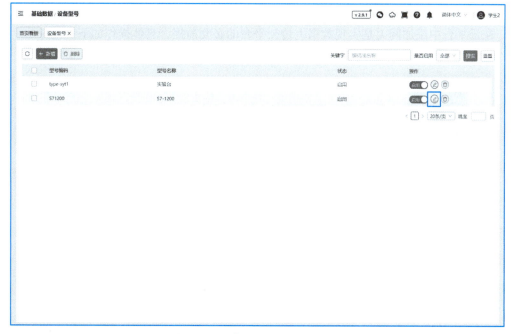

图 2-24　设备型号配置操作步骤-3

⑩ 在"设备型号"列表，查看创建的设备型号，单击待删除的设备型号所在行的"删除"按钮，如图 2-25 所示，可以删除该设备型号。

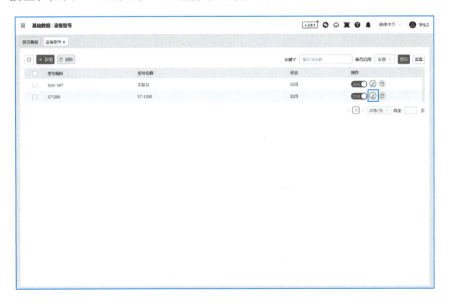

图 2-25　设备型号配置操作步骤-4

⑪ 弹出"您确定要删除该记录吗?"的提示，单击"确定"按钮，如图 2-21 所示，系统提示操作成功。

3. 工业网关配置与绑定

在云平台中添加网关是实现数据上传云平台的必要前提，具体操作如下。

① 在窗口左侧选择"网关管理"，在右侧单击"新增"按钮，如图 2-26 所示。

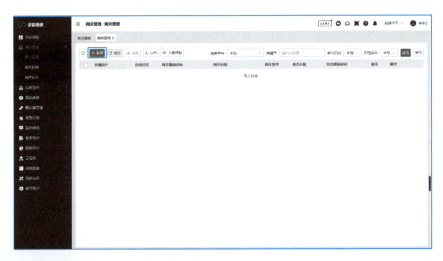

图 2-26　工业网关配置步骤-1

② 设置网关的编码、名称和型号，其中网关编码需与前面的网关序列号（S/N 号）一致。单击"保存"按钮，如图 2-27 所示。

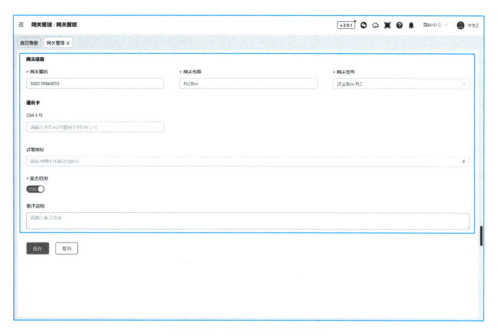

图 2-27　工业网关配置步骤-2

③ 在"网关管理"列表，查看创建的网关，网关是在线状态，如图 2-28 所示，证明在网关管理里面成功添加了网关。

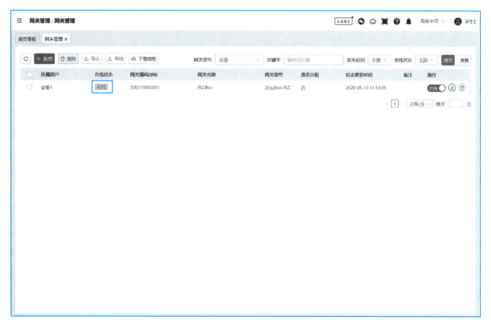

图 2-28　工业网关配置步骤-3

④ 单击待编辑的网关所在行的编辑按钮，如图 2-29 所示，对网关进行编辑，编辑完成后，单击"保存"按钮，返回主页面，并提示操作成功。

图 2-29   工业网关配置步骤-4

⑤ 在"设备型号"列表，查看创建的设备型号，单击待删除的设备型号所在行的"删除"按钮，如图 2-30 所示。

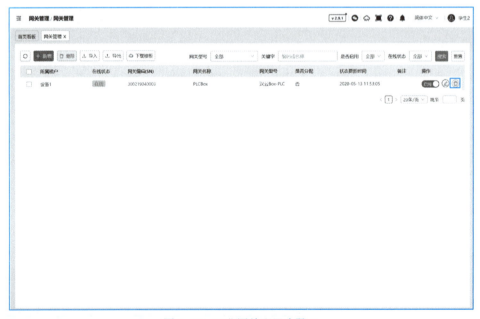

图 2-30   工业网关配置步骤-5

⑥ 弹出"您确定要删除该记录吗?"的提示,单击"确定"按钮,如图 2-21 所示,系统提示操作成功。

在云平台中完成网关配置后,然后需要进行设备配置,具体操作如下。

① 在窗口左侧选择"设备管理",在右侧单击"新增"按钮,如图 2-31 所示。

图 2-31　设备配置步骤-1

② 配置设备的编码、名称、型号分类、型号、所属项目、是否启用等信息。完成配置后,单击"保存"按钮,如图 2-32 所示。

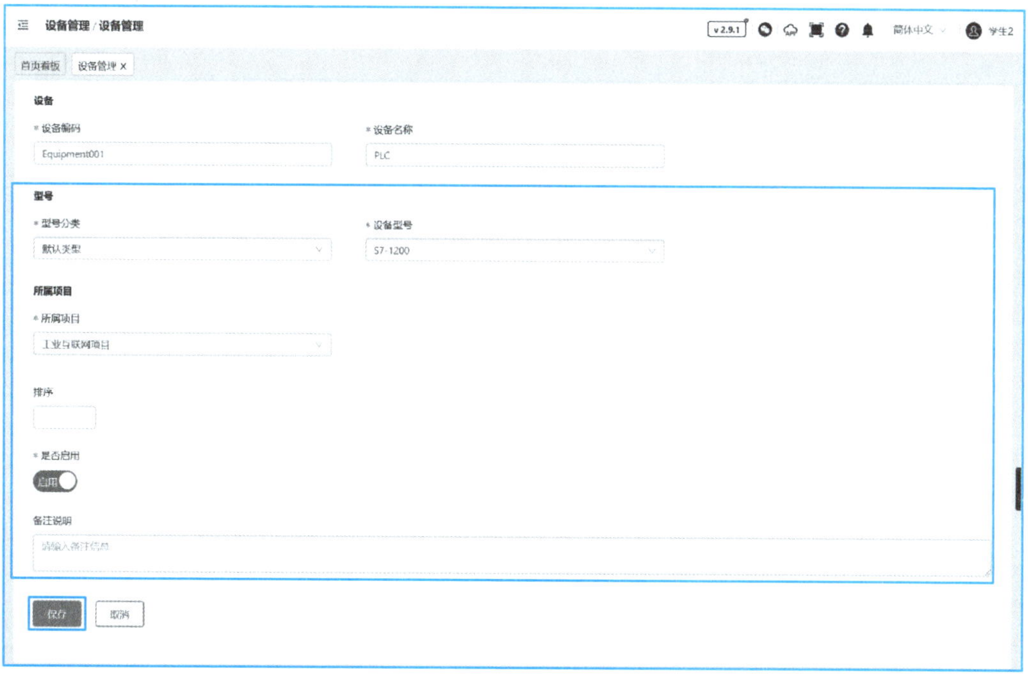

图 2-32　设备配置步骤-2

③ 在"设备管理"列表，查看创建的设备，单击待编辑的设备所在行的"编辑"按钮，如图 2-33 所示，对设备进行编辑，编辑完成后，单击"保存"按钮，返回主页面，并提示操作成功。

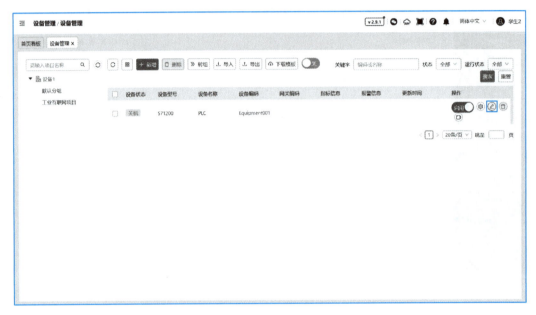

图 2-33　设备配置步骤-3

④ 在"设备管理"列表，查看创建的设备，单击待删除的设备所在行的"删除"按钮，如图 2-34 所示，可以删除该设备。

图 2-34　设备配置步骤-4

⑤ 弹出"您确定要删除该记录吗?"的提示,单击"确定"按钮,如图2-21所示,系统提示操作成功。

4. 工业数据配置

在设备画像中已经添加了网关信息和设备信息,但是还没有绑定网关和设备,因此首先需要绑定网关和设备,然后再添加采点。本任务需要添加如下采点:温度(Temperature)、湿度(Humidity)、已合格产品数量(QuantityOutput)、总生产产品数量(TotalOutput)、开机时长(OnlineDuration)、产线运行速度(ProductionLineSpeed)。采点配置与验证步骤如下。

① 在窗口左侧选择"设备管理"→"采点配置",在所属项目下,选择设备单击"绑定网关"按钮,如图2-35所示。

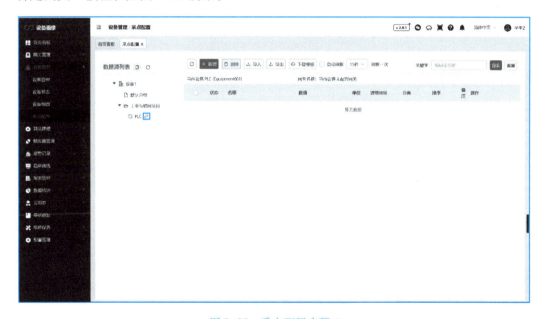

图2-35 采点配置步骤-1

② 在弹出"硬件网关绑定"页面,选择相应的网关进行绑定,如图2-36所示。

图2-36 采点配置步骤-2

③ 绑定网关后，设备转为在线状态，选择设备，右侧单击"新增"按钮，如图 2-37 所示。

图 2-37　采点配置步骤-3

④ 配置采点的编码、名称、单位、类型、分类、操作权限。此次以温度为例，编码：Temperature；名称：温度；单位:℃；类型：Float；分类：其他；操作权限："只读"，并单击"保存"按钮，如图 2-38 所示。

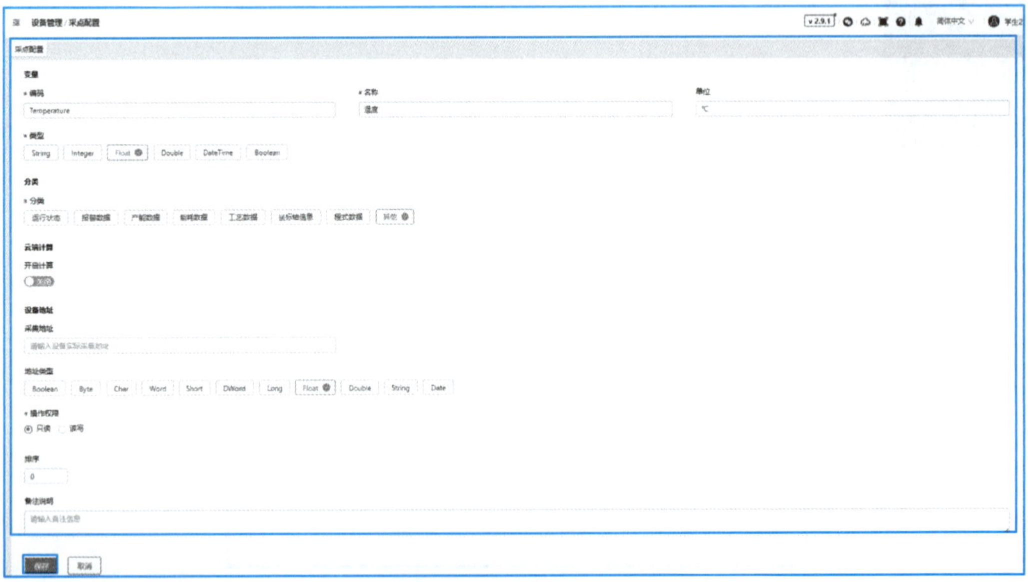

图 2-38　采点配置步骤-4

提示　　采点编码应该与网关管理软件 XEdge 软件中监控数据的名称保持一致。

⑤ 完成采点配置后，采点信息以列表形式展示。查看采点的状态变为正常状态，并查看当前的数值，温度：25.900000，如图 2-39 所示。

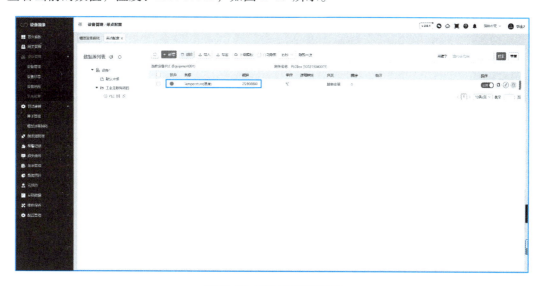

图 2-39　采点配置步骤-5

⑥ 在网关管理软件 XEdge 中，查看当前温度值并进行验证。XEdge 中温度值为25.90℃，如图 2-40 所示，确认采点配置无误，数据准确。

图 2-40　采点配置步骤-6

⑦ 在采点列表，查看创建的采点，单击待编辑的采点所在行的"编辑"按钮，如图 2-41 所示，对采点信息进行编辑，编辑完成后，单击"保存"按钮，返回主页面，并提示操作成功。

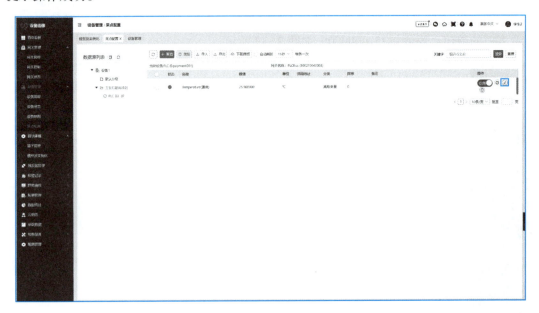

图 2-41　采点配置步骤-7

⑧ 在采点列表，查看创建的采点，单击待删除采点所在行的"删除"按钮，如图 2-42 所示，可以删除该采点信息。

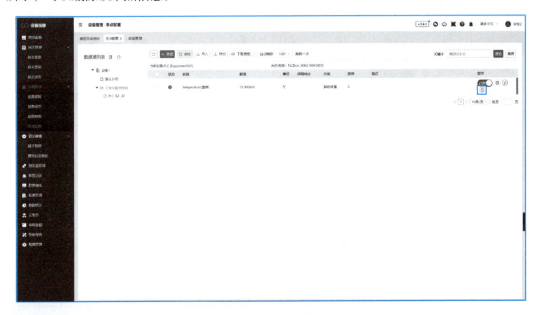

图 2-42　采点配置步骤-8

⑨ 弹出"您确定要删除该记录吗?"的提示,单击"确定"按钮,如图 2-21 所示,系统提示操作成功。

⑩ 完成验证后,将测试与验证结果记录到工业设备的测试与验证记录表,详见表 2-8。

表 2-8 工业设备的测试与验证记录表

序号	测试、验证内容	结果	异常原因	解决方案
1	验证设备画像和网关管理软件温度采点的当前值	正常	—	—
2				
3				

【任务回顾】

【知识点总结】

1. 平台与网关间的联网方式包括 4G、Wi-Fi、以太网。

2. 云平台的部署模式包括私有云、公有云和混合云。

3. 现场数据上传云平台中常用通信协议包括 MQTT 和 HTTP 协议。

4. 云平台中添加的网关编码与实际网关序列号一致。

【思考与练习】

1. 云平台的部署模式有哪些?

2. 数据上云常用的通信协议有哪些?

任务 2.2 工业设备与数据运维

【任务描述】

上传至云平台的数据源源不断,为了保证云端的持续运行、方便数据管理,在数据上云之后,还要在云平台上进行基础的平台维护和大数据的运维工作。

云端使用了哪些数据库?各自具有什么样的特点?

实现远程终端控制需要什么工具?如何实施?

对系统和数据进行维护需要什么工具?如何实施?

以上这些问题,将在本任务中解决。

【知识学习】

微课 2-5
工业互联网运维-
运维基础认知

2.2.1   数据库认知

数据库是以一定方式储存在一起、能与多个用户共享、具有尽可能小的冗余度、与应用程序彼此独立的数据集合，可视为电子化的文件柜存储电子文件的处所，用户可以对文件中的数据进行新增、查询、更新、删除等操作。

在当今的互联网中，最常见的数据库模型主要有两种，即关系数据库（SQL）和非关系数据库（NoSQL），常见数据库分类及关系与非关系数据库的优缺点见表 2-9。

表 2-9   关系与非关系数据库的优缺点

分 类	关系数据库	非关系数据库
常见	MariaDB、MySQL、SQL Server、SQLite、PostgreSQL、Oracle	InfluxDB、MongoDB、Redis、HBASE、CouchDB、Cassandra、Neo4j
优点	易于维护，格式一致； 使用方便，SQL 语言通用； 支持复杂操作，可用于一个表以及多个表之间非常复杂的查询	格式灵活，存储格式多样； 速度快，可以使用硬盘或随机存储器作为载体； 高扩展性； 成本低，部署简单
缺点	读写性能比较差； 表结构固定，灵活度欠缺	不提供 SQL 支持，学习和使用成本较高； 无事务处理； 数据结构相对复杂，复杂查询欠缺

1. 关系数据库-MySQL

关系数据库是采用关系模型来组织数据的数据库，其以行和列的形式存储数据，以便于用户理解，关系型数据库这一系列的行和列被称为表，一组表组成了数据库。用户通过查询检索数据库中的数据，而查询是一个用于限定数据库中某些区域的执行代码。关系模型可以简单理解为二维表格模型，而一个关系型数据库就是由二维表及其之间的关系组成的一个数据组织。它是利用数据概念实现对数据处理的算法，实现对数据快速的增、删、改、查操作。

MySQL 是一种开放源代码的关系型数据库管理系统（Relational Database Management System，RDBMS），使用最常用的数据库管理语言——结构化查询语言（SQL）进行数据库管理，由瑞典 MySQL AB 公司开发，目前属于 Oracle 旗下产品。MySQL 是一种关系数据库管理系统，关系数据库将数据保存在不同的表中，而不是将所有数据放在一个大仓库内，这样就增加了操作速度并提高了灵活性。

MySQL 所使用的 SQL 语言是用于访问数据库的最常用标准化语言。此外，由于其体积小、速度快、总体拥有成本低，尤其是开放源码这一特点，一般中小型网站的开发都选择 MySQL 作为网站数据库。在 Web 应用方面，MySQL 是最好的关系数据库管理系统应用软件之一。

MySQL 主要特点：

- 使用 C 和 C++编写，并使用了多种编译器进行测试，保证了源代码的可移植性。
- 支持多种操作系统。
- 为多种编程语言提供了 API。
- 支持多线程，充分利用 CPU 资源，支持多用户。
- 优化的 SQL 查询算法，有效地提高查询速度。
- 既能够作为单独的应用程序应用在客户端服务器网络环境中，也能够作为一个库而嵌入到其他的软件中。
- 提供多语言支持。
- 提供 TCP/IP、ODBC 和 JDBC 等多种数据库连接途径。
- 提供用于管理、检查、优化数据库操作的管理工具。
- 支持大型数据库。可以处理拥有上千万条记录的大型数据库。

2. 时序数据库–InFluxDB

时序数据库全称为时间序列数据库。时间序列数据库主要用于处理带时间标签（按照时间的顺序变化，即时间序列化）的数据，带时间标签的数据也称为时间序列数据。

时间序列数据主要是由电力行业、化工行业等各类型实时监测、检查与分析设备所采集、产生的数据，这些工业数据的典型特点是：产生频率快（每一个监测点一秒钟内可产生多条数据）、严重依赖于采集时间（每一条数据均要求对应唯一的时间）、测点多信息量大（常规的实时监测系统均有成千上万的监测点，监测点每秒钟都产生数据，每天产生几十 GB 的数据量）。

InfluxDB 是一个由 InfluxData 开发，使用 Go 语言编写的一个开源分布式时序、事件和指标数据库，着力于高性能地查询与存储，无须外部依赖。InfluxDB 适用于记录度量，事件及执行分析，被广泛应用于存储系统的监控数据，物联网（IoT）行业的实时数据等场景。

提示

　　物联网（The Internet of Things，IoT）是指通过各种信息传感器、射频识别技术、全球定位系统、红外感应器、激光扫描器等各种装置与技术，实时采集任何需要监控、连接、互动的物体或过程，采集其声、光、热、电、力学、化学、生物、位置等各种需要的信息，通过各类可能的网络接入，实现物与物、物与人的泛在连接，实现对物品和过程的智能化感知、识别和管理。物联网是一个基于互联网、传统电信网等的信息承载体，它让所有能够被独立寻址的普通物理对象形成互联互通的网络。

（1）InfluxDB 主要功能

- 基于时间序列：支持与时间有关的相关函数（如最大、最小、求和等）。
- 可度量性：可以实时对大量数据进行计算。
- 基于事件：支持任意的事件数据。

（2）InfluxDB 主要特点

- 内置 HTTP 接口，使用方便。
- 数据可以打标记，查询灵活。
- 类似 SQL 的查询语言。
- 安装和管理简单，读写数据高效。
- 能够实时查询，数据在写入时，被索引后就能够被立即查出。
- 支持 min、max、sum、count、mean、median 等一系列函数，方便统计。

MySQL 与 InfluDB 的区别见表 2–10。

表 2–10　MySQL 与 InfluDB 的区别

概　　念	MySQL	InfluxDB
数据库（同）	database	database
表（不同）	table	measurement
列（不同）	column	tag（带索引的，非必须）、field（不带索引）、timestamp（唯一主键）

2.2.2　常用运维工具

1. 远程终端工具–Xshell

Xshell 是一个强大的安全终端模拟软件，它支持 SSH1、SSH2，以及 Microsoft Windows 平台的 Telnet 协议。Xshell 通过互联网到远程主机的安全连接以及它创新性的设计和特色，帮助用户在复杂的网络环境中享受他们的工作。

Xshell 可以在 Windows 界面下用来访问远端不同系统下的服务器，从而比较好地达到远程控制终端的目的，可以非常方便地对 Linux 主机进行远程管理。Xshell 页面如图 2–43 所示。

Xshell 关键功能：

- 支持 SSH1、SSH2、SFTP、Telnet、远程登录命令和协议。
- Windows 2000 SP4 以上。
- 多个用户配置。
- 保持多项选择。

- 支持 Multi-session（会话标签，会话栏）。
- 用户定义键的映射。
- JavaScript、Python 和 VB 脚本支持。
- 失去连接时自动重新连接。
- 支持 IPv6。
- 可同时进行多个会话。
- 实时更新。

图 2-43　Xshell 页面

2. 大数据运维工具–Kafka Monitor

Kafka 作为分布式高吞吐发布订阅的消息系统，广泛应用于消息队列、大数据流计算分析等场景。Kafka Monitor 是 Kafka 的可视化管理与监控工具，如图 2-44 所示，为 Kafka 的稳定运维提供高效、可靠、稳定的保障。它可以模拟数据生产并消费，基本上覆盖了黑盒监控大部分指标，包括集群核心功能、数据读写、读写延迟等。使用者使用成本也相对简单，只需对接告警系统即可。

Kafka Monitor v0.1 主要功能如下。

- Kafka 基本信息仪表盘：由状态、图表、报警三部分组成，状态栏显示了 Kafka 当前集群状态、Topic 总数、节点数、Partition 总数，并通过图表显示当前 Kafka 的可用性信息；有可用性图表、延迟统计图表、异常统计图表；报警栏显示当前 Kafka 的异常信息。
- Broker 列表：显示当前 Broker 的可用总数、Kafka 集群中每个 Broker 的基本信息，还可通过点击 Broker ID 进入 Broker 详情页面。
- Topic 列表：页面显示当前 Kafka 所有 Topic 总数、Partition 总数、Topic 首选副本率等，并提供添加 Topic 功能。
- 当前消费者列表：页面显示当前 Kafka 中所有 Consumer 列表，并显示所属 Group、Topic 等信息。

● 数据查询页面：在查询页面，可通过输入 Topic、Partition、Offset 与 Num（消息数量）查询指定的 Topic 中某个 Partition 的消息。

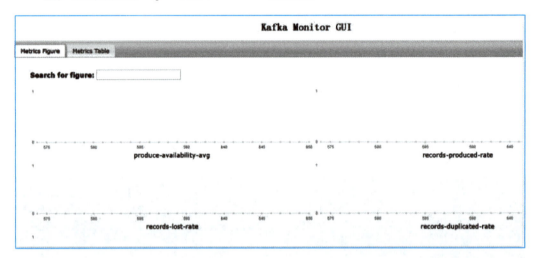

图 2-44   Kafka Monitor 监控页面

3. 数据库客户端–Navicat

Navicat 是一套专为 MySQL 设计的高性能数据库管理及开发工具，界面如图 2-45 所示。它支持大部分 MySQL 最新版本的功能，包括触发器、存储过程、函数、事件、视图、管理用户等。

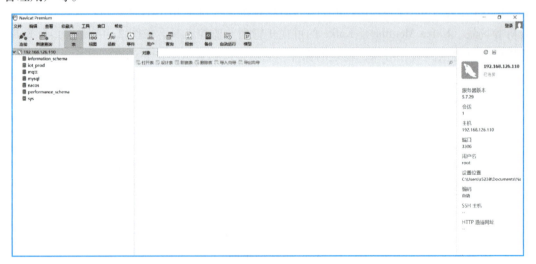

图 2-45   Navicat 界面

本软件可在服务器启动情况下，在客户端输入服务器的 IP 地址以及数据库中的用户和密码进行登录。登录后可进行数据库的新建、删除、编辑、导入导出等基础操作。这些功能齐备的前端软件为数据库管理、开发和维护提供了直观而强大的图形界面，给 MySQL

新手以及专业人士提供了一组全面的工具。

【任务实施】

2.2.3　云平台运维

微课 2-6
云平台映像与
账户管理

1. 云平台映像与账户管理

在管理云平台上的网关映像、设备映像、上云数据的基础上，需要进一步管理网关映像与设备映像、设备映像与上云数据之间的关系。

（1）配置管理

① 在窗口左侧选择"配置管理"→"配置导入"，在右侧单击"配置导入"按钮，如图 2-46 所示。

图 2-46　配置管理操作步骤-1

② 选择需要导入的配置信息，单击"打开"按钮，如图 2-47 所示。系统提示成功，则配置信息导入成功。

图 2-47　配置管理操作步骤-2

③ 在窗口左侧选择"配置管理"→"配置导出"，在右侧单击"配置导出"按钮，开始下载配置信息，如图 2-48 所示。

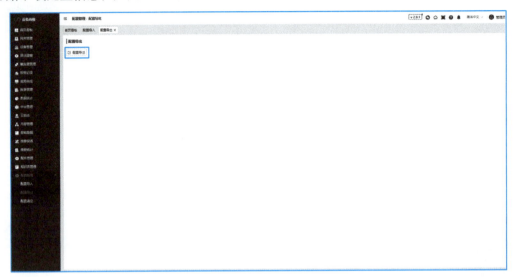

图 2-48　配置管理操作步骤-3

④ 在对应的文件夹，查看导出的配置信息文件，如图 2-49 所示。

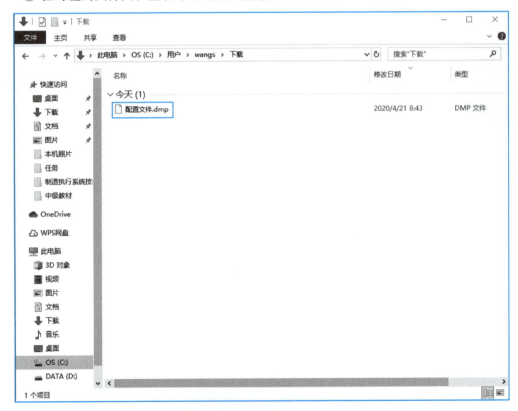

图 2-49　配置管理操作步骤-4

⑤ 在窗口左侧选择"配置管理"→"配置导出"，在右侧单击"配置清空"按钮，如图 2-50 所示，将把系统中所有学生的配置信息都清空，系统恢复至初始状态，所有的设备配置信息清空，仅管理员账户支持该功能。

图 2-50　配置管理操作步骤-5

（2）人员管理

① 在窗口左侧选择"内部管理"→"人员管理"，单击"搜索"按钮，如图 2-51 所示，可以根据查询条件过滤查询出当前人员信息。

图 2-51　人员管理操作步骤-1

　　② 在"人员管理"页面，单击"新增"按钮，新增人员信息，如图 2-52 所示。

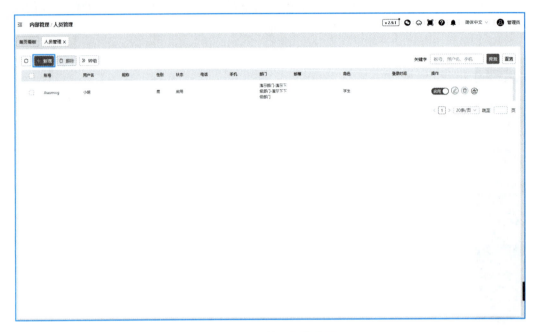

图 2-52　人员管理操作步骤-2

　　③ 在"人员管理"页面，单击待启用/锁定的记录所在行的"启用/锁定"按钮，如图 2-53 所示，可以对当前人员进行启用/锁定，锁定的人员无法登录系统。

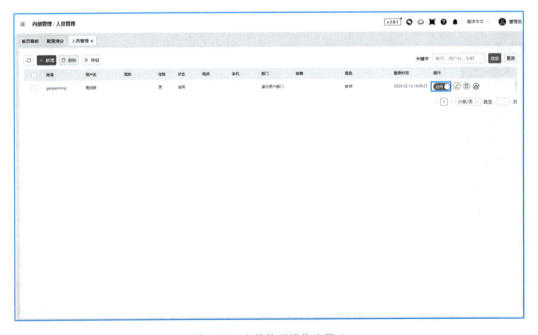

图 2-53　人员管理操作步骤-3

④ 在"人员管理"页面，单击待编辑的记录所在行的"编辑"按钮，如图 2-54 所示，编辑人员信息。

图 2-54　人员管理操作步骤-4

⑤ 在"人员管理"页面，单击待删除记录所在行的"删除"按钮，如图 2-55 所示，删除人员信息。

图 2-55　人员管理操作步骤-5

⑥ 在"人员管理"页面，可以选中一条或多条记录，单击左上角"删除"按钮，如图 2-56 所示，可以批量删除数据。

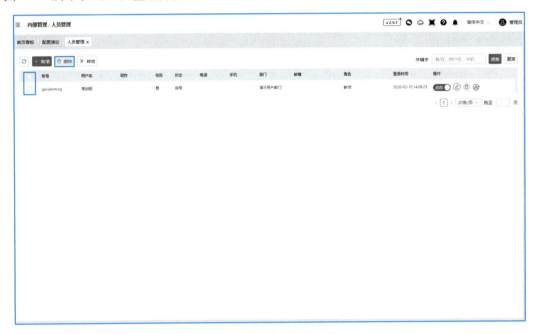

图 2-56 人员管理操作步骤-6

⑦ 在"人员管理"页面，单击待重置密码人员记录所在行"重置密码"按钮，如图 2-57 所示，可以将当前人员的密码重置为"123456"。

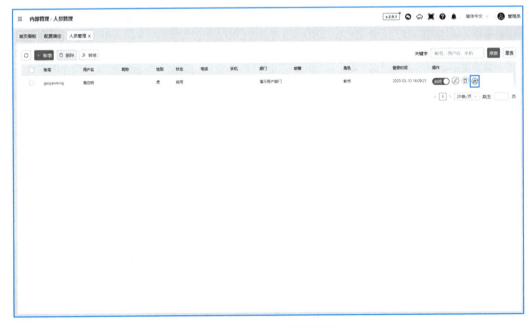

图 2-57 人员管理操作步骤-7

2. 故障分析和处理

在数据上云过程中，常见的故障为网关采点数据不上报。分析与处理过程如下。

① 在网关管理软件中，添加监控数据 MQTT，如图 2-58 所示。名称：MQTT；选中"直接使用地址"单选按钮；连接设备：FEMQTT_Standard；站号：1；数据类型：16 位无符号；地址类型：mqtt_connect；地址：0；整数位：4，小数位 0；读写设置：只读；死区设置：0；单击"确定"按钮。

图 2-58　添加监控数据

② 检查网关数据采点：MQTT 的值是否为 1，如图 2-59 所示，如果 MQTT 的值不为 1，检查"远程下载-设备管理-云服务-MQTT"配置中，地址、端口号、用户名和密码参数；如果 MQTT 的值为 1，请执行"远程下载-设备管理-云服务-MQTT"中的同步监控点，单击"确定"按钮。

③ 为保险起见，建议增加 MQTT_CONNECT 报警点。在"报警记录"中选择"报警登记"，然后，单击"新建报警"按钮，如图 2-60 所示。

④ 配置 MQTT 报警点，如图 2-61 所示，名称：MQTT；选中"直接使用地址"单选按钮；连接设备：FEMQTT_Standard；数据类型：16 位无符号；地址类型：mqtt_connect；条件：等于 0、无；报警内容：MQTT 异常；单击"确定"按钮。

⑤ 完成报警登记后，页面会显示新增的报警登记记录，如图 2-62 所示。

图 2-59　MQTT 监控点

图 2-60　报警登记-新建报警

新建报警记录

名称	MQTT

编号　(自动生成)　　分组　默认组

○ 引用标签地址　　● 直接使用地址

连接设备　FEMQTT_　　站号　1

数据类型　16位无符　　地址类型　mqtt_con

□ 使用字寄存器的按位索引

地址　0

格式范围　D(0~0)

条件　等于　　0　　无

报警内容　MQTT异常

✓ 确定　　✕ 取消

图 2-61　新建报警记录

图 2-62　"报警登记"页面

⑥ 在"当前报警"中，可以查看当前报警信息，如图 2-63 所示。

图 2-63　"当前报警"页面

⑦ 在"历史报警"中，查看历史报警记录，如图2-64所示。

图2-64 "历史报警"页面

3. 服务器操作系统的运行状态分析

服务器的系统及服务器中所配置组件的正常运行是保证服务器正常运行的前提，可以给计算机安装类似于"管家"的软件，能实时监控计算机的运行状态，防止计算机因 CPU 温度过高、硬件故障导致计算机出现瘫痪。在工业互联网运维当中亦是如此，了解当前服务器及其组件是否处于健康运行状态至为重要，常见的服务器命令见表2-11。

微课 2-7
工业互联网运维–
服务器与组件
状态查看

表2-11 服务器常用命令

类 别	命 令	说 明
关机/重启	shutdown -h now	关闭系统
	reboot	重启
文件和目录	cd /home	进入/home 目录
	cd ..	返回上一级
	pwd	显示当前工作路径
	ls	查看目录中的文件
	mkdir dir	创建一个叫做 dir 的目录
	rm -rf dir1	删除一个叫 dir1 的目录

续表

类　别	命　令	说　明
文件搜索	find / -name file1	从/开始进入根文件系统搜索文件和目录
	which halt	显示一个二进制文件或可执行文件的完整路径
	whereis halt	显示一个二进制文件、源码或 man 的位置
磁盘空间	df -h	显示已经挂载的分区列表
	du -sh dir1	估算目录 dir1 已经使用的磁盘空间
打包和压缩文件	gzip file1	压缩一个叫做 file1 的文件
	unzip file1. zip	zip 格式压缩包
	gunzip file1. gz	解压一个叫做 file1. gz 的文件
	tar -cvf archive. tar file1	创建一个非压缩的 tar 包
	tar -cvfz archive. tar. gz dir1	创建一个 gzip 格式的压缩包
	tar -zxvf archive. tar. gz	解压一个 gzip 格式的压缩包
	zip file1. zip file1	创建一个 zip 格式的压缩包
查看编辑文件内容	cat file1	从第一个字节开始正向查看文件的内容
	head -2 file1	查看一个文件的前两行
	tail -2 file1	查看一个文件的最后两行
	tail -f /var/log/messages	实时查看被添加到一个文件中的内容
	vim file1	编辑 file1 文件
查看服务器状态	top	查看服务器中所有服务运行状态
	vmstat 2	每 2 秒采集一次服务器状态
	netstat -apn｜grep 80	查看 80 端口是否被占用
	ps -ef｜grep redis	查看 redis 服务是否启动
	kill -9 pid	杀死某一个进程号
	free -m	查看服务器内存

（1）服务器状态查看

top 指令经常用来监控 Linux 的系统状况，如 CPU 和内存的使用情况等，如图 2-65 所示。

（2）服务器状态分析

第 1 行是任务队列消息，其参数见表 2-12。

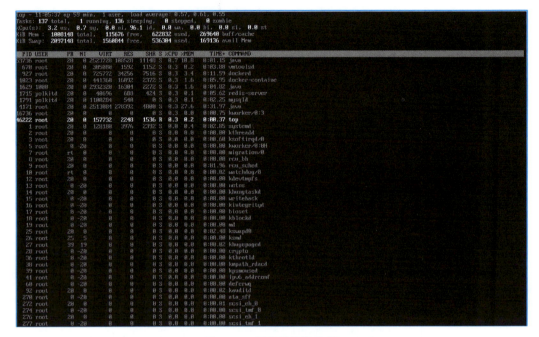

图 2-65　服务器状态查看

表 2-12　任务队列消息分析

名　　称	含　　义
11:05:37	表示当前时间
up 59 min	系统运行时间为 59 分钟
1 users	当前登录用户数为 1 个
load average：0.57，0.61，0.55	系统负载，即任务队列的平均长度。3 个数值分别为 1 分钟、5 分钟、15 分钟前到现在的平均值。如果这个数除以逻辑 CPU 的数量，结果高于 5 的时候就表明系统在超负荷运转了

　　第 2 行和第 3 行为进程和 CPU 信息，当有多个 CPU 时，内容可能会超过两行，其主要参数含义见表 2-13。

表 2-13　进程和 CPU 信息分析

名　　称	含　　义
137 total	进程总数
1 running	正在运行的进程数
136 sleeping	睡眠的进程数
0 stopped	停止的进程数
0 zombie	僵尸进程数
3.2 us	用户空间占用百分比

续表

名　　称	含　　义
0.7 sy	内核空间占用百分比
0.0 ni	用户进程空间内改变过优先级的进程占用 CPU 百分比
96.1 id	空闲 CPU 百分比

第 4 行和第 5 行为内存信息，其参数含义见表 2-14。

表 2-14　内存信息分析

名　　称	含　　义
total	物理内存总量
free	空闲内存总量
used	使用的物理内存总量
buff/cache	用作内核缓存的内存量
avail Mem	代表可用于进程下一次分配的物理内存数量

最后为所有的进程信息，可查看当前服务器的所有进程、进程优先级、CPU 占用率、进程占用的内存总量等信息。

> PID：进程 ID。
>
> PR：优先级。
>
> VIRT：进程使用的虚拟内存总量，单位 KB。

4. 服务组件的健康状态检查

（1）服务器中组件数量查看

查看当前用户中 appdata（配置文件夹）下的所有配置文件，即查看当前服务器中配置的相关组件。如图 2-66 所示，当前配置文件夹下有 fastdfs、influxdb、kafka、mysql、redis、zookeeper。

指令：ll /mnt/user/appdata

```
[root@localhost appdata]# ll /mnt/user/appdata
total 0
drwxr-xr-x. 4 root root 36 Apr 15 16:45 fastdfs
drwxr-xr-x. 5 root root 41 Apr 15 16:32 influxdb
drwxr-xr-x. 4 root root 30 Apr 15 16:42 kafka
drwxr-xr-x. 3 root root 18 Apr 15 16:32 mysql5.7
drwxr-xr-x. 3 root root 18 Apr 15 16:30 redis
drwxr-xr-x. 4 root root 33 Apr 15 16:41 zookeeper
[root@localhost appdata]#
```

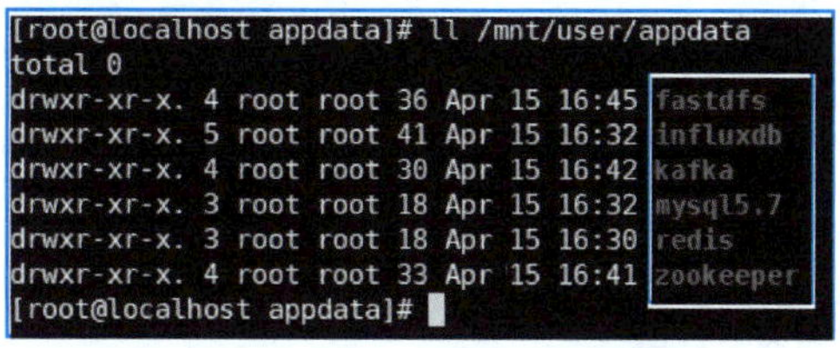

图 2-66　查看服务器中的组件

注意

Linux 操作系统下搜集与查询组件相关信息指令：

Ps -ef │ grep +组件名称

组件信息中可确定当前组件的进程启动状态、运行资源是否充沛、CPU 占用率等主要信息。

为方便对当前组件状态进行可视化操作，在服务器中映射出 docker 容器，将所有组件封装在 docker 容器当中，并通过可视化工具 protainer 进行组件状态的查看与操作，如图 2-67 所示。

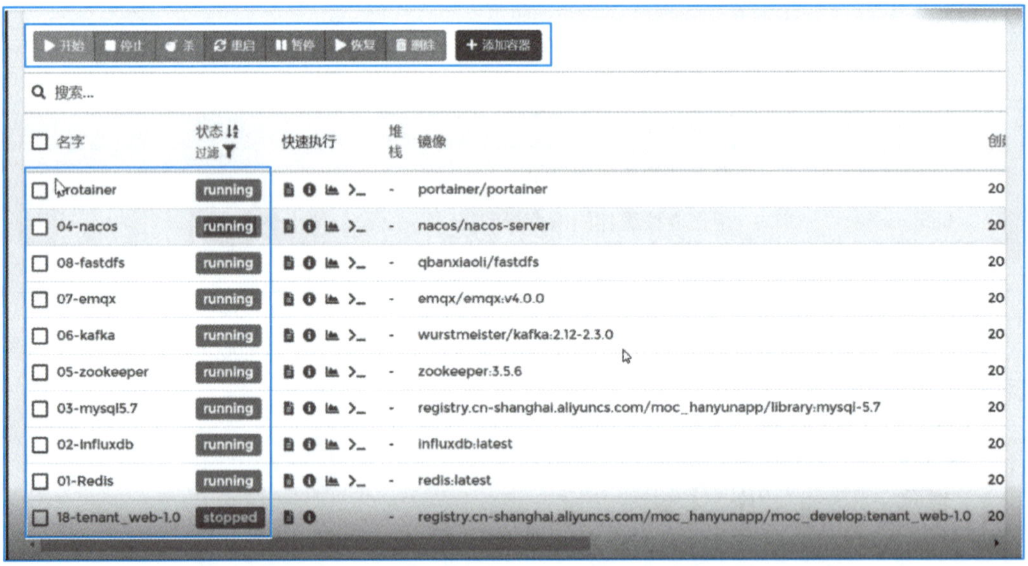

图 2-67　使用可视化工具查看服务器中的组件

（2）服务器组件日志的查看

在 docker 容器下查看可视化管理工具 protainer 的端口号，结果为 9000，如图 2-68 所示。

指令：docker ps

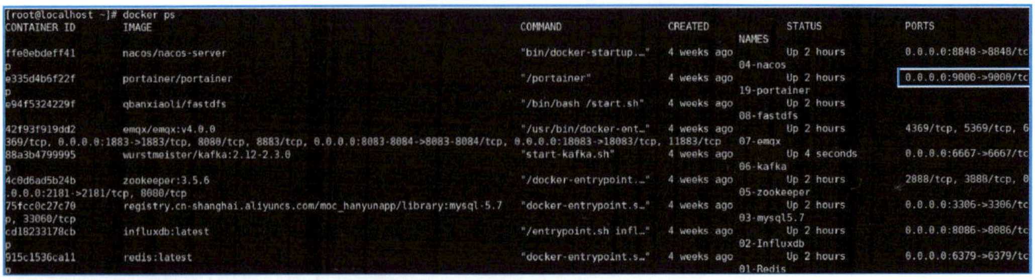

图 2-68　查看 protainer 的端口号

其操作步骤见表 2-15。

表 2-15　服务器组件日志查看步骤

序号	操 作 步 骤	图 片 说 明
1	使用浏览器输入服务器 IP 地址和容器端口号 　　192.168.126.110：9000 进入 portainer 的登录界面后输入账户和密码	
2	下拉窗口，单击"刷新"按钮，完成后选择当前本地容器local	
3	查看当前管理界面信息，单击"容器"数	
4	显示当前容器中组件的运行状态 　　Running：运行正常 　　Stopped：运行停止	

续表

序号	操作步骤	图片说明
5	单击"logs"按钮	
6	进入当前组件状态的日志管理当中，进行相关日志的查看	

5. 数据库备份

（1）登录与查看数据库

在 Linux 系统下，首先输入指令进入 docker 容器内部，再登录数据库并输入数据库的密码，即完成数据库的登录操作，如图 2-69（a）所示。登录成功后输入 show databases 指令显示已建立的所有数据库名称，如图 2-69（b）所示。

(a)　　　　　　　　　　　　　(b)

图 2-69　登录与查看数据库

提示

进入容器内部指令：docker exec -it 03-mysql5.7 /bin/bash（03-mysql5.7 为容器下的数据库名称）。

数据库登录指令：mysql -uroot -p　　退出指令：exit

数据库登录密码：123456

（2）数据库的基本操作

① 创建数据库。在进入"myaql>"的数据库操作环境后，可以先创建一个数据库。语法格式如下：

create database［db-name］;

创建一个名称为 xgit_test 的数据库，如图 2-70 所示。

图 2-70　创建数据库

提示

Create 指令同样可创建数据表，不同的是在创建前需指定数据库名称，例如：

Use 数据库名称；

create table student（字段名（长度），字段名（长度））;

创建数据表语句要明确数据表的结构、各字段的名称、类型以及长度等信息。

在数据库创建完成后，MySQL 的 data 目录下会自动生成一个名为 xgit_test 的目录，该数据库的数据会存储在此目录下。可通过上述的 show 命令查看，如图 2-71 所示。

```
mysql> show databases;
+--------------------+
| Database           |
+--------------------+
| information_schema |
| iot_prod           |
| mqtt               |
| mysql              |
| nacos              |
| performance_schema |
| sys                |
| xgit_test          |
+--------------------+
8 rows in set (0.00 sec)
```

图 2-71　查看数据库

② 删除数据库。使用 drop 语句删除数据库，语法格式如下：

drop database xgit_test;

例如，删除上述名称为 xgit_test 的数据库，运行结果如图 2-72 所示。

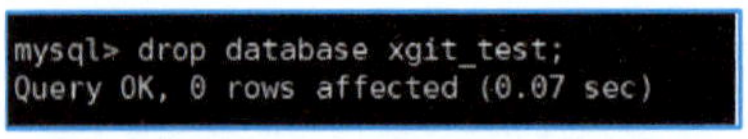

```
mysql> drop database xgit_test;
Query OK, 0 rows affected (0.07 sec)
```

图 2-72   删除数据库

删除数据库是一个不可逆的操作，一定要确认其内部所有表格数据均可删除。

③ 数据库文件的备份与恢复。数据库的备份与恢复是非常重要的环节。由于某些失误导致的数据丢失会造成数据的严重损失，从而造成经济成本的损失。因此，经常或定期进行数据库的备份是非常有必要的。

MySQL 的备份与恢复主要分为逻辑备份与物理备份，逻辑备份是采用 MySQL 命令，物理备份则直接备份数据库文件。

采用 MySQL 命令进行数据库的备份与恢复属于逻辑备份，是将数据库中的数据备份成一个文本文件，此文件除了可用于数据库的恢复，还可以用于数据库的查看与编辑。除此之外，逻辑备份的优点在于其跨平台性，即备份文件在不同系统平台、不同数据库引擎之间可以通用。

- 备份命令

因为数据库是在 docker 容器当中，所以备份操作需要在容器当中进行，首先在 Linux 系统下输入 docker exec -it［容器中数据库名称］/bin/bash 命令进入容器内部，再执行备份命令。

逻辑备份主要采用 mysqldump 命令执行，命令格式如下：

mysqldump -h 主机名 -p 端口号 -u 用户名 -p 密码 --database 数据库名>文件名 . sql

例如，一个 MySQL 数据库名为 nacos，用户名为 root，密码为 123456，如果要将其备份至 data/backup 目录下的 nacos. sql 文件中，则执行如下命令，将部署在 192. 168. 126. 110 服务器上的 nacos 数据库备份到/data/backup 路径中的 nacos. sql 文件：

mysqldump -h 192. 168. 126. 110 -p 3306 -uroot -123456 --database nacos > /data/backup/nacos. sql

① 如果备份 MySQL 中所有的数据库，则只需将数据库名改为 --all-database。
② 如果要备份数据库某一个表，则只需在数据库名后加上表名称。

- 恢复命令

恢复主要采用 source 命令执行，与备份不同的是，恢复前需要先登录到 MySQL 命令界面。即上述中登录数据库的操作。

首先选择要恢复至哪个数据库，并使用 use 语句打开该数据库，然后使用 source 命令，选择备份文件对该数据库进行恢复，如图 2-73 所示。

```
use nacos;
source nacos.sql;
```

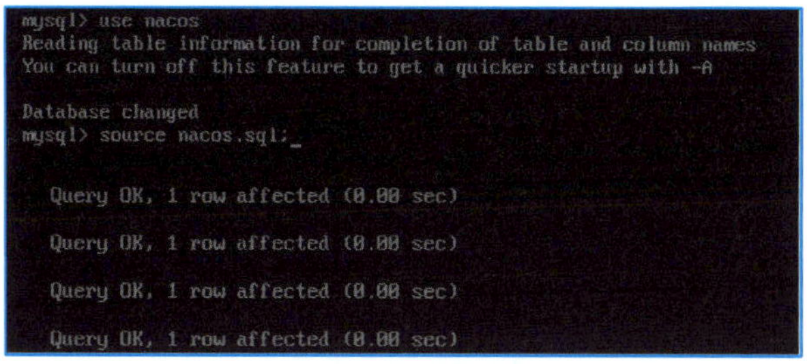

图 2-73 恢复数据库

（3）导入与导出工具的使用

MySQL 提供了一些数据导入导出工具，可以方便用户用可视化的方式对数据库进行备份、恢复和迁移。这里介绍 Navicat 为 MySQL 提供的数据导入导出工具的使用方法。

首先打开软件后连接数据库，如图 2-74 所示。输入服务器的 IP 地址、端口号、数据库的用户名及密码，单击"确定"按钮建立连接。连接成功进入主界面并提示连接成功。

图 2-74 连接数据库

① 数据导出的详细步骤见表 2-16。

表 2-16　数据导出步骤

序号	操　作　步　骤	图　片　说　明
1	在要导出的数据库名或表名单上右击，选择"转储 SQL 文件"→"结构和数据"命令	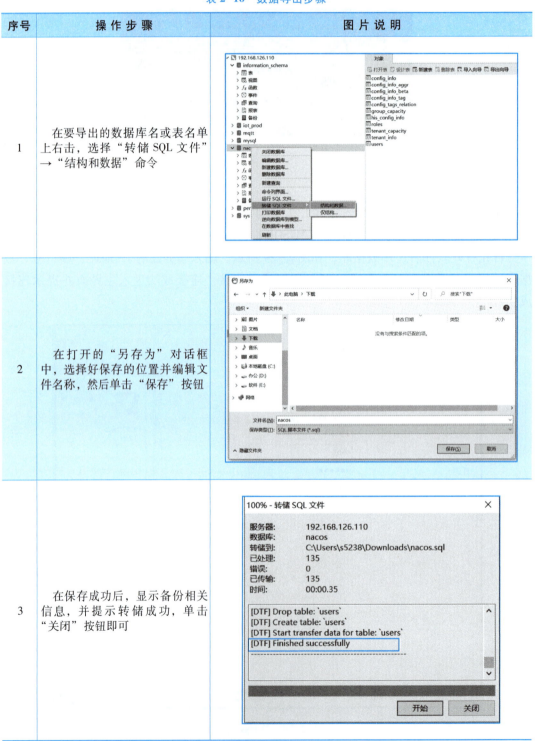
2	在打开的"另存为"对话框中，选择好保存的位置并编辑文件名称，然后单击"保存"按钮	
3	在保存成功后，显示备份相关信息，并提示转储成功，单击"关闭"按钮即可	

② 数据导入详细步骤见表 2–17。

表 2–17　数据导入步骤

序号	操 作 步 骤	图 片 说 明
1	选中当前主机名称并右击，在右键菜单中选择"新建数据库"命令	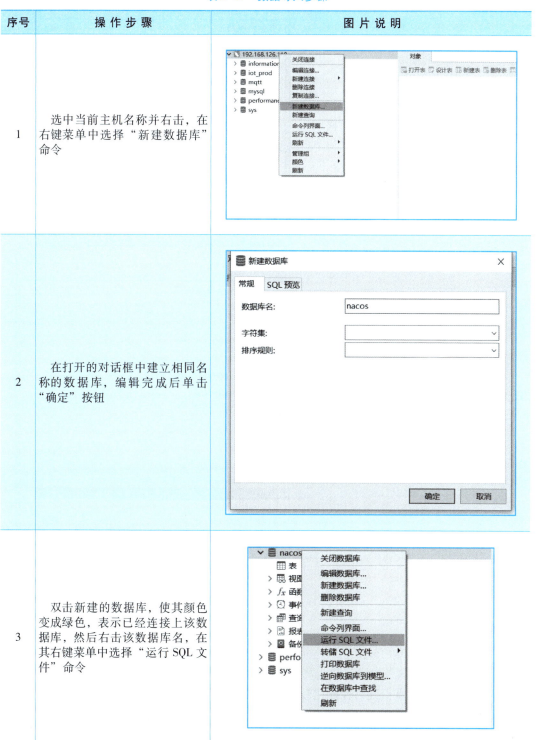
2	在打开的对话框中建立相同名称的数据库，编辑完成后单击"确定"按钮	
3	双击新建的数据库，使其颜色变成绿色，表示已经连接上该数据库，然后右击该数据库名，在其右键菜单中选择"运行 SQL 文件"命令	

续表

序号	操 作 步 骤	图 片 说 明
4	单击"…"按钮，到本地文件中选择需要导入的 SQL 文件，同时配置字符集为 65001（UTF-8），最后单击"开始"按钮	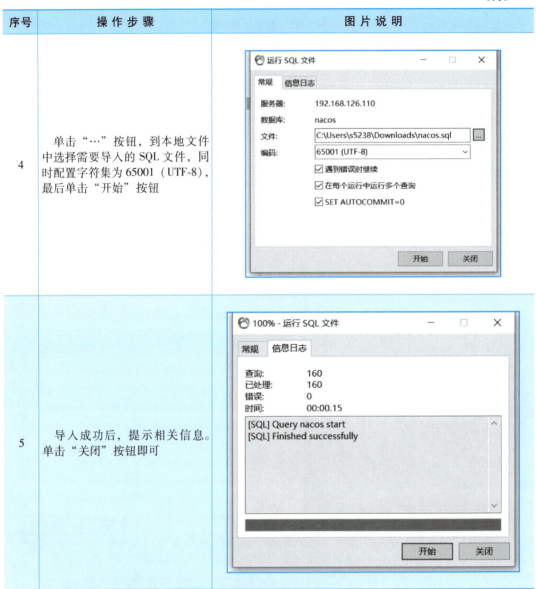
5	导入成功后，提示相关信息。单击"关闭"按钮即可	

【任务回顾】

【知识点总结】

1. 关系数据库优点：易于维护，格式一致；使用方便，SQL 语言通用；支持复杂操作，可用于一个表以及多个表之间非常复杂的查询。

2. 关系数据库缺点：读写性能比较差；表结构固定，灵活度欠缺。

3. 非关系数据库的优点：格式灵活，存储格式多样；速度快，可以使用硬盘或随机存储器作为载体；高扩展性；成本低，部署简单。

4. 非关系数据库的缺点：不提供 SQL 支持，学习和使用成本较高；无事务处理；数据结构相对复杂，复杂查询欠缺。

【思考与练习】

1. 列举关系数据库和非关系数据库的优缺点。

2. 列出查看服务器状态的指令。

3. 试对服务器操作系统的运行状态进行分析。

【项目总结】

分析能力	规划能力	应用能力
根据需求建立云平台部署模式的分析	数据上传云平台的流程规划	云平台中添加设备及工程
根据场景平台与网关间的联网方式分析	工业网关的建立与绑定规划	云平台中新增网关及配置设备信息并绑定
数据上传云平台的过程分析	云平台中的数据配置规划	根据现场数据在云平台中完成数据映射
		使用运维工具检查Linux操作系统的状态
		设置云平台的账户信息

项目3 云平台算法建模应用

【项目引入】

工业现场数据上传云端之后，工业互联网项目继续进行，数据在云端经过算法建模工具的处理，所得输出即可在工业 APP 中使用，如图 3-1 所示中虚线框区域。

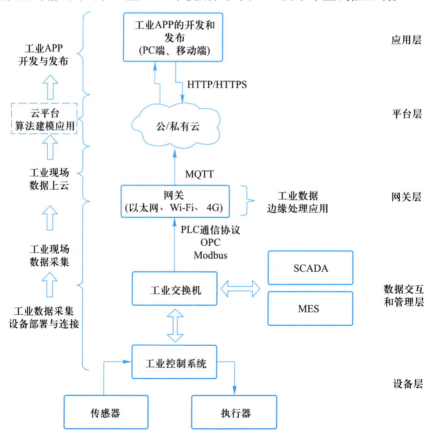

图 3-1 工业互联网实施与运维过程

根据项目需求和项目 1、项目 2 的规划与实施，可得算法建模环节的输入输出信息，见表 3-1。

表 3-1　算法建模环节的输入输出列表

输 入 变 量	变 量 单 位	数 据 类 型	采 集 周 期
已合格的产品数量	辆	DInt	30 秒
总生产的产品数量	辆	DInt	30 秒
开机时长	小时	Real	30 秒
产线运行速度	辆/小时	DInt	30 秒
输出变量	变量单位	数据类型	
设备综合效率	%	Real	

【知识图谱】

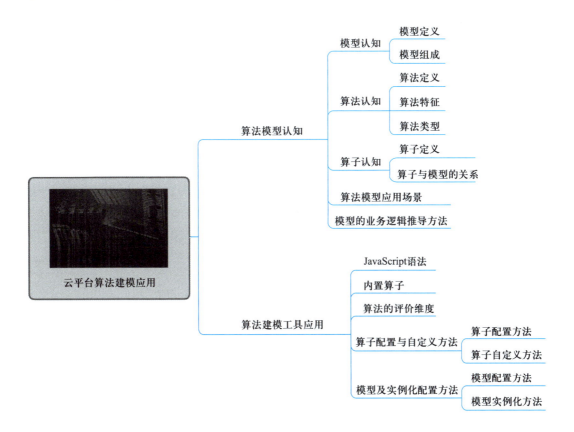

任务 3.1　算法建模认知

【任务描述】

对大多数读者来说，对本项目涉及的概念较为陌生。

什么是算法？什么是模型？

模型是为了解决什么问题？有哪些优势呢？

算子又是指什么？

以上这些问题，都将在本任务中得到解答。

【知识学习】

3.1.1　模型认知

微课 3-1
模型认知

1. 模型定义

模型是一类问题的解题步骤，亦即一类问题的算法。如果问题的算法不具有一般性，就没有必要为算法建立模型，因为此时个体和整体的对立不明显，模型的抽象性质也体现不出来。

如果研究的问题是特殊的，例如，今天所做的事情的顺序，因为每天不一样，就没有必要建立模型。如果研究问题具有一般性，如图 3-2 所示，例如要在电话簿中找一个姓"黄"的人，或者要在字典中找一个拼音为"cuan"的字，由于都是在有顺序的一组数据中查找一个数据，这类问题有相似的特征，解决办法也有相似的步骤，因此可以为"查找"这一类事情建立模型。

图 3-2　模型是一类问题的解题步骤

2. 模型组成

任何模型都是由 3 个部分组成的，即目标、变量和关系。变量包括自变量、因变量、中间变量 3 种类型。模型的组成如图 3-3 所示。

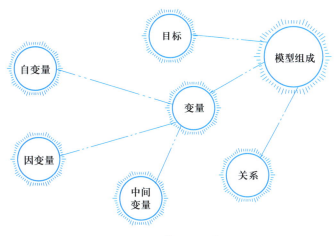

图 3-3 模型的组成

（1）目标

编制和使用模型，首先要有明确的目标，也就是说，这个模型是干什么用的。只有明确了模型的目标，才能进一步确定影响这种目标的各种关键变量，进而把各变量加以归纳、综合，并确定各变量之间的关系。

（2）变量

变量是事物在幅度、强度和程度上变化的特征，包括自变量、因变量和中间变量 3 种类型。

其中自变量是影响因变量的变量，一般来说因变量是随着自变量变化而变化。中间变量又称干扰变量，它会削弱自变量对因变量的影响。中间变量的存在会使自变量与因变量之间的关系更加复杂。例如，加强现场监督（自变量）会使工人劳动生产率提高（因变量），但还要加上一个条件，即这种效果要根据任务的复杂程度而定。这里的任务复杂程度就是中间变量。

（3）关系

确定了目标，确定了影响目标的各种变量之后，还需要进一步研究各变量之间的关系。在确定变量之间的关系时，对何者为因、何者为果的判断，应持谨慎态度。不能因为两个变量之间存在着统计上的关系，就简单地认为它们之间存在着因果关系。现实生活中有许多表面上看来是因果关系的情况，实际上并不一定是真正的因果关系。

3.1.2 算法认知

微课 3-2
算法认知

1. 算法定义

算法是指解题方案的准确而完整的描述，是一系列解决问题的清晰指令，算法代表着用系统的方法描述解决问题的策略机制。也就是说，能够对一定规范的输入，在有限时间内获得所要求的输出。如果一个算法有缺陷，或不适合于某个问题，执行这个算法将不会解决这个问题。

算法中的指令描述的是一个计算，当其运行时能从一个初始状态和（可能为空的）初始输入开始，经过一系列有限而清晰定义的状态，最终产生输出并停止于一个终态。

一个状态到另一个状态的转移不一定是确定的，如包括随机化算法在内的一些算法，就包含了一些随机输入。

2. 算法特征

算法特征包括有穷性、确切性、输入项、输出项、可行性 5 个特征，如图 3-4 所示。

图 3-4　算法特征

① 有穷性：算法的有穷性是指算法必须能在执行有限步骤之后终止。算法必须是由有限步骤组成的过程，步骤的数量可能是几个，也可能是几百个，但是必须有确定的结束条件。在类似遗传算法中，迭代次数或者结果迭代的条件也都是确定的，这种特征保证了算法的效率，同时也是在运行成本和运算结果满意度之间的平衡方式。对于一些管理系统中的优化算法，是不可能得到最优解的，只能在可接受的运行效率下得到相对满意的解。

② 确切性：算法的每一步骤必须有确切的定义。算法中每个步骤都是明确的，对结果的预期也是确定的。例如在预测中的指数平滑算法中，同样的输入数据和平滑系数，得到的结果是确定的，并且无论算法运行多少次，得到的结果都是相同的。

③ 输入项：一个算法有 0 个或多个输入，以刻画运算对象的初始情况，所谓 0 个输入是指算法本身定出了初始条件。算法解决特定的问题，问题来源就是算法的输入。

④ 输出项：一个算法有一个或多个输出，以反映对输入数据加工后的结果。没有输出的算法是毫无意义的。算法解决特定的问题，期望结果就是算法的输出。

⑤ 可行性：算法中执行的任何计算步骤都可以被分解为基本的可执行的操作步骤，

即每个计算步骤都可以在有限时间内完成（也称之为有效性）。算法中的每一个步骤都是可行的，只要有一个不可行，算法就是失败的，或者不能被称为算法。

3. 算法类型

算法可以宽泛地分为三类，分别是有限的，确定性算法；有限的，非确定算法；无限的算法。如图 3-5 所示。

图 3-5　算法分类

① 有限的，确定性算法：这类算法在有限的一段时间内终止。它们可能要花很长时间来执行指定的任务，但仍将在一定的时间内终止。这类算法得出的结果常取决于输入值。

② 有限的，非确定算法：这类算法在有限的时间内终止。然而，对于一个（或一些）给定的数值，算法的结果并不是唯一的或确定的。

③ 无限的算法：是那些由于没有定义终止条件，或定义的条件无法由输入的数据满足而不终止运行的算法。通常，无限算法的产生是由于未能确定定义的终止条件造成。

3.1.3　算子认知

算子是指一个函数空间到另一个函数空间（或它自身）的映射。在学习数学的过程中，会遇到微分算子、梯度算子、散度算子、拉普拉斯算子、哈密顿算子等。在算法建模的过程中，也会遇到形形色色的算子。如果有一个处理单元，有输入、也有输出，那么这个处理单元就完成了从一个函数空间（输入集）到另一个函数空间（输出集）的映射，就可以将这个处理单元称做算子，如图 3-6 所示。

微课 3-3　算子认知

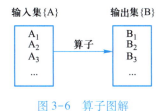

图 3-6　算子图解

这个算子也许原理简单，一眼即可看透；也许复杂，需要大量的转换、运算，但只要是映射，可以由输入得到输出，都可以将其视为算子，如图 3-7 所示。

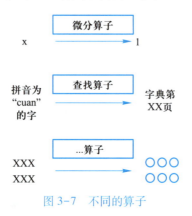

图 3-7   不同的算子

算子是算法、模型的最小组成单元。一个算法，或者一个由算法抽象而成的模型，可以由单独的一个算子组成，也可以由不同的算子通过串联、并联等方式联结而成。

3.1.4   算法模型应用场景

以数控机床丝杆寿命预测模型为例，介绍其应用场景。

在数控机床里，丝杆属于其中主要的驱动部分，在机床结构中具有非常重要的作用。随着高精度数控技术的逐步应用，实现机床的高精度发展必须要求更高精度的丝杆配合。而丝杆发生异常故障，则会导致加工误差增大，同时配件的缺失也会导致维修时长的增加，从而显著降低机床的使用效率。本模型主要基于设备振动特征与工况信息分析得出设备的健康状况，并通过特征分析对设备的健康状况进行预测。

先基于历史数据进行模型训练，依靠多次迭代提升模型训练的准确性，再将模型部署到平台上结合设备实际运行数据进行分析运算，模型基本计算过程如图 3-8 所示。

图 3-8   模型基本计算过程

① 模型通过传感器采集振动信号与工况信息。

② 振动信号通过特征计算获得数据特征。

③ 通过数据降维得到丝杆当前损坏指数。

④ 模型将丝杆损坏指数输入公式进行运算，得到当前健康指数。

⑤ 将健康公式代入公式计算得到设备的当前使用寿命。

⑥ 最终计算获得零件剩余寿命。

依靠模型能力叠加，除了实现预测性维护能力外，同时还可提供设备状态的捕捉及预警通知。平台通过模型的运算可以帮助工厂及时安排设备的维护保养，提前进行设备零部件配置，从而提高效率，节约成本，增加丝杆的使用寿命。依靠预测的提前量和准确性大幅提升设备的综合使用效率。

【任务实施】

3.1.5　模型的业务逻辑推导

每一个生产设备都有自身的理论产能，要实现这一理论产能必须保证没有任何干扰和质量损耗。但是现实生产过程中往往因为一些意外情况会造成一定的损耗，如停机、更换模具/工具等，因此可以通过算法来获取当前设备综合效率，如图 3-9 所示。

图 3-9　设备综合效率

设备综合效率（Overall Equipment Effectiveness，OEE）是用来表现实际的生产能力相对于理论产能的比率，它是一个独立的测量工具。首先收集设备生产过程中的数据，进行 OEE 计算和分析，根据分析结果获得制约生产的因素，通过进行改进和跟踪，从而达到降低设备的故障率以及维修成本，提高生产效率目的。详细计算实例如下。

假设某个设备一天工作时间为 8 h，班前计划停机 10 min，故障停机 30 min，设备调整 35 min，产品的理论加工周期为 1 min/件，一天共加工产品 400 件，有 20 件废品，求这台设备的 OEE。

具体计算步骤如下：

计划生产时长＝8×60−10＝470（min），开机时长＝470−30−35＝405（min）；

合格率＝（良品数÷总产量）×100%＝（400-20）÷400×100%＝95%；

开机率＝（开机时长÷计划生产时长）×100%＝405÷470×100%＝86%；

性能率＝（生产线运行速度÷生产线理论速度）×100%＝（400/405）÷［（405×1）/405］×100%＝400÷405×100%＝99%；

设备综合效率（OEE）＝合格率×开机率×性能率＝95%×86%×99%＝81%。

【任务回顾】

【知识点总结】

1. 模型是一类问题的解题步骤，亦即一类问题的算法。

2. 算法是指解题方案的准确而完整的描述。一个算法应该具有有穷性、确切性、输入项、输出项、可行性 5 个重要的特征。

3. 算子是指一个函数空间到另一个函数空间（或它自身）的映射，是算法、模型的最小组成单元。

【思考与练习】

1. 什么是模型？什么是算法？什么是算子？

2. 试列举其他算法模型的应用场景。

任务 3.2　算法建模工具应用

【任务描述】

明确了算法建模环节的输入、输出变量，并且补充了算法、模型相关知识，项目就可以继续开展了。通过算子配置、模型及实例化配置，可以实现对实时数据的处理。

使用算法建模工具是否需要掌握编程语言？

工具内部是否有内置算子提供？

算子配置、模型及实例化配置如何进行？

以上这些问题，都将在本任务中得到解答。

【知识学习】

算法建模工具可以基于多种语言实现。在本项目中使用的算法建模工具是基于 Java Script 开发而成的，它内置部分算子，并且支持 JavaScript Math 函数库。可以直接使用这些算子配置模型，也可以自定义算子来实现。

下面的知识学习将分为两个部分：

第一部分，简单介绍 JavaScript 语法，作为使用算法建模工具的前置知识。有 JavaScript 语言基础的读者，可以略过。

第二部分，介绍算法建模工具的内置算子，为后续配置模型和模型实例化的环节提供支持。

3.2.1 JavaScript 语法

微课 3-4
JavaScript 认知

JavaScript 是一种具有函数优先的轻量级、解释型或即时编译型的编程语言。虽然它是作为开发 Web 页面的脚本语言而出名的，但是也被用到了很多非浏览器环境中。JavaScript 特性包括基于对象、简单、动态性、跨平台性、脚本语言，如图 3-10 所示。

图 3-10 JavaScript 特性

JavaScript 基本特点如下：

① 是一种解释性脚本语言（代码不进行预编译）。

② 主要用来向 HTML 页面添加交互行为。

③ 可以直接嵌入 HTML 页面，但写成单独的 JavaScript 文件有利于结构和行为的分离。

④ 跨平台特性，在绝大多数浏览器的支持下，可以在多种平台下运行（如 Windows、Linux、Mac、Android、iOS 等）。

⑤ JavaScript 脚本语言同其他语言一样，有它自身的基本数据类型、表达式和算术运算符及程序的基本程序框架。JavaScript 提供了 4 种基本的数据类型和 2 种特殊数据类型用来处理数据和文字。而变量提供存放信息的地方，表达式则可以完成较复杂的信息处理。

⑥ 可以实现 Web 页面的人机交互。

规则 1：主体写法
function main ( ) {

}

规则 2：返回值需用 return
function main ( ) {
    return 1+1;
}

规则 3：参数用单引号括起来
function main ( ) {
    return getMax('参数 1','参数 2');
}

规则 4：每一行以分号结束
function main ( ) {
    return 1+1;
}

规则 5：内置函数可以联合使用
function main ( ) {
    return getMax('参数 1','参数 2') + getMin('参数 3','参数 4');
}

规则 6：函数语法
function functionName ( ) {
    // 执行代码
}

规则 7：函数调用
function myFunction (a, b) {
return a * b;
}
myFunction (10, 2);

规则 8：注释
单行注释以 // 开头。
多行注释以 /* 开始，以 */ 结尾。

规则 9：声明变量
变量必须以字母开头
变量可以以 $ 和_符号开头（不推荐这么做）
变量名称大小写敏感（y 和 Y 是不同的变量）
变量名推荐使用驼峰法来命名（Camel-Case）
//声明变量
var x;
//声明变量并赋值
var x = 1;
//声明多个变量，并使用逗号分隔变量
var x = 1, y = 1;
//声明多个变量，x 的值 undefined，y 的值为 1.
var x, y = 1;

另外，条件语句等常用逻辑语句，JavaScript 的使用方法与其他编程语言基本一致。

（1）if 语句

if（condition）{

　　当条件为 true 时执行的代码

}

（2）if...else 语句

if（condition）{

　　当条件为 true 时执行的代码

}

else{

　　当条件不为 true 时执行的代码

}

（3）if...else if...else 语句

if（condition1）{

　　当条件 1 为 true 时执行的代码

}

else if（condition2）{

　　当条件 2 为 true 时执行的代码

}

else{

　　当条件 1 和条件 2 都不为 true 时执行的代码

}

在 JavaScript 中，算术运算符包括＋（加法）、－（减法）、＊（乘法）、／（除法）、％（取余）、＋＋（自增）、－－（自减）。详细信息见表 3-2 所示。

表 3-2　JavaScript 算术运算符

序　号	运　算　符	描　述	示　例
1	＋	加法	x＝y＋z
2	－	减法	x＝y－z
3	＊	乘法	x＝y＊z
4	／	除法	x＝y/z
5	％	取余	x＝y％z
6	＋＋	自增	x＝＋＋y
			x＝y＋＋
7	－－	自减	x＝－－y
			x＝y－－

以加法为例，详细的代码如下：

```
/*calc 是函数名*/
function calc( ) {
    /*声明变量 x,y,z 并赋值*/
    var x=0,y=5,z=2;
    /*把 y+z 的值赋值给 x*/
    x=y+z;
    /*返回 x 的值*/
    return x;
}
```

在 JavaScript 中除了使用算术运算符进行数据计算，还可以通过 Math（算数）对象，执行常见的算数任务。JavaScript Math 对象方法详细见表 3-3。

表 3-3　JavaScript Math 对象

序号	Math 对象方法	说　　明	示　　例
1	Math. abs(x)	返回 x 的绝对值	Math. abs(−12) ＝ 12
2	Math. ceil(x)	对 x 进行向上取整	Math. ceil(12. 03) ＝ 13
			Math. ceil(12. 92) ＝ 13
3	Math. floor(x)	对 x 进行向下取整	Math. floor(12. 03) ＝ 12
			Math. floor(12. 92) ＝ 12
4	Math. round(x)	四舍五入（注意：正数时，包含 5 是向上取整，负数时包含 5 是向下取整）	Math. round(−16. 3) ＝ −16
			Math. round(−16. 5) ＝ −16
			Math. round(−16. 51) ＝ −17
5	parseInt(x)	直接取整（正数转换和 Math. floor( ) 一样，负数不一样）	parseInt(5. 57) ＝ 5
			parseInt(−1. 5) ＝ −1
6	Math. random( )	返回 0~1 之间的随机数	
7	Math. max(x,y,z,…,n)	获取 x、y、z…n 数据中的最大值	Math. max(10,9,100,200,45,78) ＝ 200
8	Math. min(x,y,z,…,n)	获取 x、y、z…n 数据中的最小值	Math. min(10,1,9,100,200,45,78) ＝ 1
9	Math. pow(x,y)	返回 x 的 y 次幂	Math. pow(10,2) ＝ 100
10	Math. sqrt(x)	返回 x 的平方根	Math. sqrt(100) ＝ 10

3.2.2 内置算子

设备画像算法建模模块的算子配置中内置算子主要用来获取设备的实时数据，内置算子的详细信息见表 3-4。

表 3-4 内置算子信息

序号	说　明	参数名称	参数含义
1	getString（machineCode，variateCode） 获取设备采点的实时数据，转换成字符串格式输出	machineCode	设备编码
		variateCode	采点编码
2	getInt（machineCode，variateCode） 获取设备采点的实时数据，转换成整数格式输出	machineCode	设备编码
		variateCode	采点编码
3	getDouble（machineCode，variateCode） 获取设备指定的实时数据，转换成小数格式输出	machineCode	设备编码
		variateCode	采点编码
4	getFloat（machineCode，variateCode） 获取设备采点的实时数据，转换成小数格式输出	machineCode	设备编码
		variateCode	采点编码
5	getMax（machineCode，variateCode，beginDate，endDate） 获取设备采点某个时间段的最大值数据	machineCode	设备编码
		variateCode	采点编码
		beginDate	开始时间
		endDate	结束时间
6	getMaxType（machineCode，variateCode，type） 根据不同的 type，获取设备采点某个时间段的最大值数据	machineCode	设备编码
		variateCode	采点编码
		type	计算类型
7	getMin（machineCode，variateCode，beginDate，endDate） 获取设备采点某个时间段的最小值数据	machineCode	设备编码
		variateCode	采点编码
		beginDate	开始时间
		endDate	结束时间
8	getMinType（machineCode，variateCode，type） 根据不同的 type，获取设备采点某个时间段的最小值数据	machineCode	设备编码
		variateCode	采点编码
		type	计算类型
9	getSum（machineCode，variateCode，beginDate，endDate） 获取设备采点某个时间段的总和数据	machineCode	设备编码
		variateCode	采点编码
		beginDate	开始时间
		endDate	结束时间

续表

序号	说　明	参数名称	参数含义
10	getSumType(machineCode,variateCode,type) 根据不同的 type，获取设备采点某个时间段的总和数据	machineCode	设备编码
		variateCode	采点编码
		type	计算类型
11	getAvg(machineCode,variateCode,beginDate,endDate) 获取设备采点某个时间段的平均值数据	machineCode	设备编码
		variateCode	采点编码
		beginDate	开始时间
		endDate	结束时间
12	getAvgType(machineCode,variateCode,type) 根据不同的 type，获取设备采点某个时间段的平均值数据	machineCode	设备编码
		variateCode	采点编码
		type	计算类型
13	getSpread(machineCode,variateCode,beginDate,endDate) 获取设备采点某个时间段的最大值与最小值差值数据	machineCode	设备编码
		variateCode	采点编码
		beginDate	开始时间
		endDate	结束时间
14	getIncrement(machineCode,variateCode,beginDate,endDate) 获取设备采点某个时间段的增量数据	machineCode	设备编码
		variateCode	采点编码
		beginDate	开始时间
		endDate	结束时间
15	getProdunctSumType(machineCodeAndvariateCode,type) 根据相应的多个设备中相对应的采点配置的产能计算类型和不同的 type 来计算相应时间段中的多个设备相对应采点值的数据总和	machineCodeAnd variateCode	设备编码和 采点编码
		type	计算类型

在此算法建模工具中，算子间不能嵌套使用。

参数 type 标识不同计算类型字段，可填 1、2、3、4、5、6、7。其中 1 表示计算一小时之内的数据；2 表示计算一天之内的数据；3 表示一周之内的数据；4 表示一个月之内的数据；5 表示一年之内的数据；6 表示当天的数据；7 表示当月的数据。如果不填，默认取当天的数据。

3.2.3　算法的评价维度

微课 3-5
算法的评价维度

从不同的维度对算法做出评价，如图 3-11 所示，为后续"根据算法模型验证结果，在云平台算法建模工具中优化算法模型"提供依据。

（1）正确性

能正确地实现预定的功能，满足处理具体问题的需要。处理数据使用的算法是否得当，决定了能不能得到预想的结果。

（2）易读性

易于阅读、理解和交流，便于调试、修改和扩充。

实施与运维人员写出的算法，能不能让别人看明白，能不能让别人明白算法的逻辑很重要。如果通俗易懂，在系统调试和修改或者功能扩充的时候，能使系统维护更为便捷。

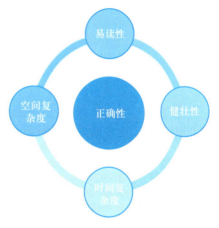

图 3-11　算法的评价维度

（3）健壮性

输入非法数据，算法也能在适当地做出反应后进行处理，不会产生预料不到的运行结果。

数据的形式多种多样，算法可能面临着接受各种各样的数据，当算法接收到不适合算法处理的数据，算法本身该如何处理呢？如果算法能够处理异常数据，处理能力越强，健壮性越好。

（4）时间复杂度

一个算法执行所耗费的时间，理论上是不能算出来的，必须上机运行测试才能知道。但人们不可能也没有必要对每个算法都上机测试，只需知道哪个算法花费的时间多，哪个算法花费的时间少就可以了。并且一个算法花费的时间与算法中语句的执行次数成正比例，哪个算法中语句执行次数多，它花费时间就多。一个算法中的语句执行次数称为语句频度或时间频度，记为 $T(n)$。

在时间频度中，n 称为问题的规模，当 n 不断变化时，时间频度 $T(n)$ 也会不断变化。但有时人们也想知道它变化时呈现什么规律。为此，人们引入了时间复杂度概念。

一般情况下，算法中基本操作重复执行的次数是问题规模 n 的某个函数，如图 3-12 所示，用 $T(n)$ 表示，若有某个辅助函数 $f(n)$，使得当 n 趋近于无穷大时，$T(n)/f(n)$ 的极限值为不等于零的常数，则称 $f(n)$ 是 $T(n)$ 的同数量级函数。记作 $T(n)=O(f(n))$，称 $O(f(n))$ 为算法的渐进时间复杂度，简称时间复杂度。

（5）空间复杂度

算法的空间复杂度是指算法需要消耗的内存空间。算法的空间复杂度，不仅与存储数据的空间有关，更取决于辅助空间（对数据进行操作的工作单元和存储一些计算的辅助单元）的大小。

图 3-12　时间复杂度举例

算法在时间的高效性和空间的高效性之间通常是矛盾的，通常会假设程序运行在足够大的内存中，更多地去探究时间复杂度。

　　具体到工业互联网实施与运维过程中，正确性是基本的要求。对于非编程专业人员，应当在保证一定正确性的基础上，再去探讨提升易读性、健壮性，降低时间复杂度、空间复杂度。

【任务实施】

3.2.4　算子配置与自定义

1. 算子配置

系统提供内置内部函数的算子，在算子管理中可以查询、查看系统所有的内置算子及其说明文档。

① 在"算法建模"-"算子管理"中，查看系统内置算子，如图 3-13 所示。

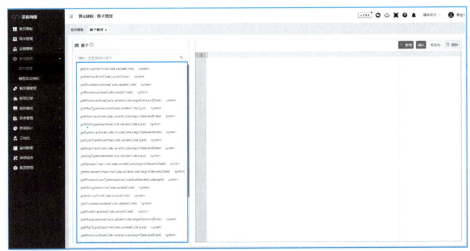

图 3-13　算子配置步骤-1

② 在搜索框里，输入条件搜索内置算子，如图 3-14 所示。

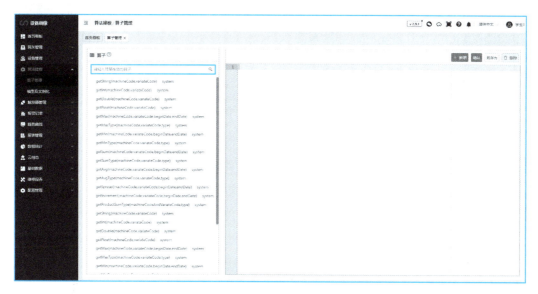

图 3-14　算子配置步骤-2

③ 单击自定义函数说明文档，查看内置算子说明，如图 3-15 所示。

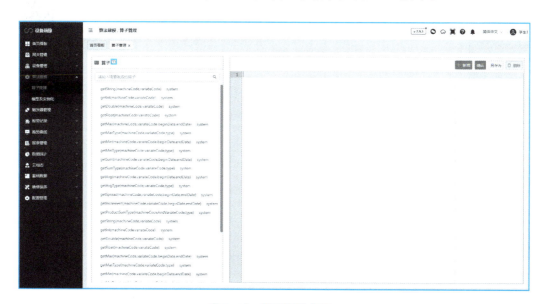

图 3-15　算子配置步骤-3

2. 算子自定义

① 单击"新增"按钮，进入"算子编辑"页面，如图 3-16 所示。

微课 3-6
算子自定义

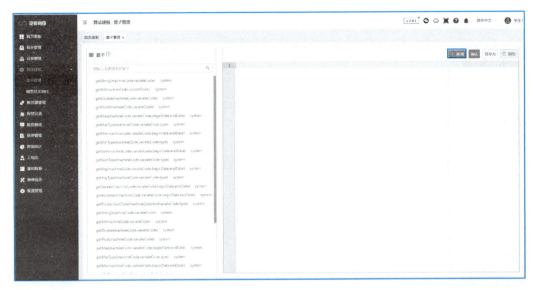

图 3-16　算子自定义步骤-1

　　② 编辑算子内容后，单击"确认"按钮，弹出"是否需要保存该算子?"提示框，单击"确定"按钮，在打开的对话框中输入算子名称，如图 3-17 所示。

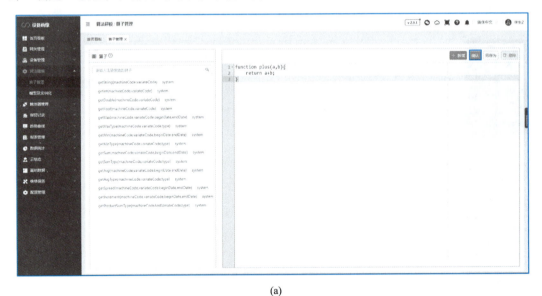

(a)

(b)

(c)

图 3-17　算子自定义步骤-2

③ 或者也可以在进入某个算子的编辑页面后，更改并单击"另存为"按钮，如图 3-18 所示。

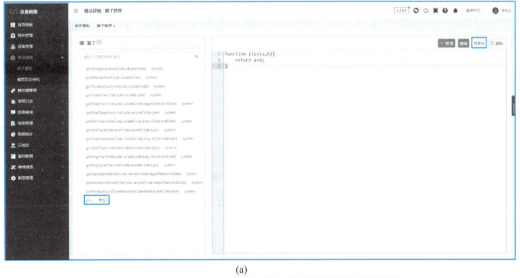

(a)

(b)

图 3-18　算子自定义步骤-3

3.2.5　模型及实例化配置

模型及实例化管理页面包括三部分：模型库、在线编辑器、实例化，如图 3-19 所示。

图 3-19　模型及实例化

模型库：以模型树的形式展示，模型为父级，该模型的实例为子级。

在线编辑器：支持语法高亮，并有常用函数提示、语法校验功能。

实例化：把模型传入动态参数，得出结果后，以模型实例的形式保存数据；由模型实例化、模型验证、实例化保存这 3 个步骤来实现。

1. 模型配置

由于模型是把多个算子模板组合封装而成的，因此模型管理就是提供在线模型模板的维护功能。系统支持通过在线编辑器实现自定义编辑、保存模型的功能。在模型库中，每个学生账户可查看到自定义的模型及内置模型，系统支持对模型库中的模型模板进行增加、删除、修改、查看的操作，步骤如下。

微课 3-7
模型配置

① 在"算法建模"-"模型及实例化"中，单击"新建模型"按钮，可以在编辑器实现自定义编辑，如图 3-20 所示。

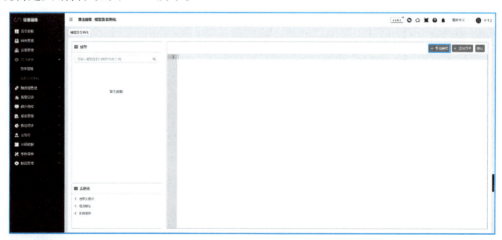

图 3-20　模型配置步骤-1

② 可以通过算子搭建模型，单击"添加算子"按钮，如图 3-21 所示。

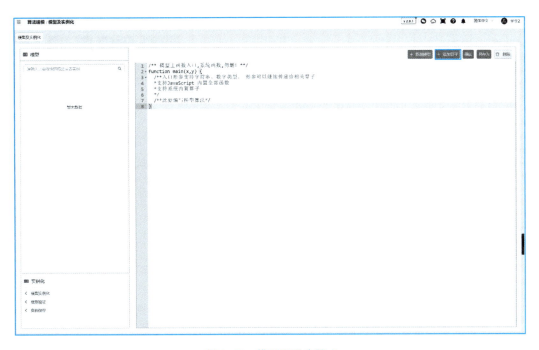

图 3-21 模型配置步骤-2

③ 在打开的对话框列表中选择内置算子，单击"确认"按钮，本次以 getInt（machine-Code, variateCode）内置算子为例，如图 3-22 所示。

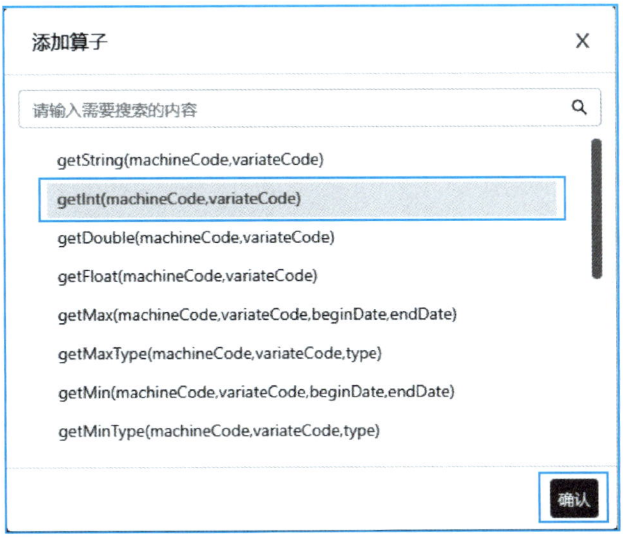

图 3-22 模型配置步骤-3

④ 在编辑器左上方可以看到选择的内置算子。用鼠标单击内置算子，即可添加到在线编辑器里面，如图 3-23 所示。

图 3-23 模型配置步骤-4

⑤ 在页面中添加完模型代码，单击"确认"按钮，如图 3-24 所示。

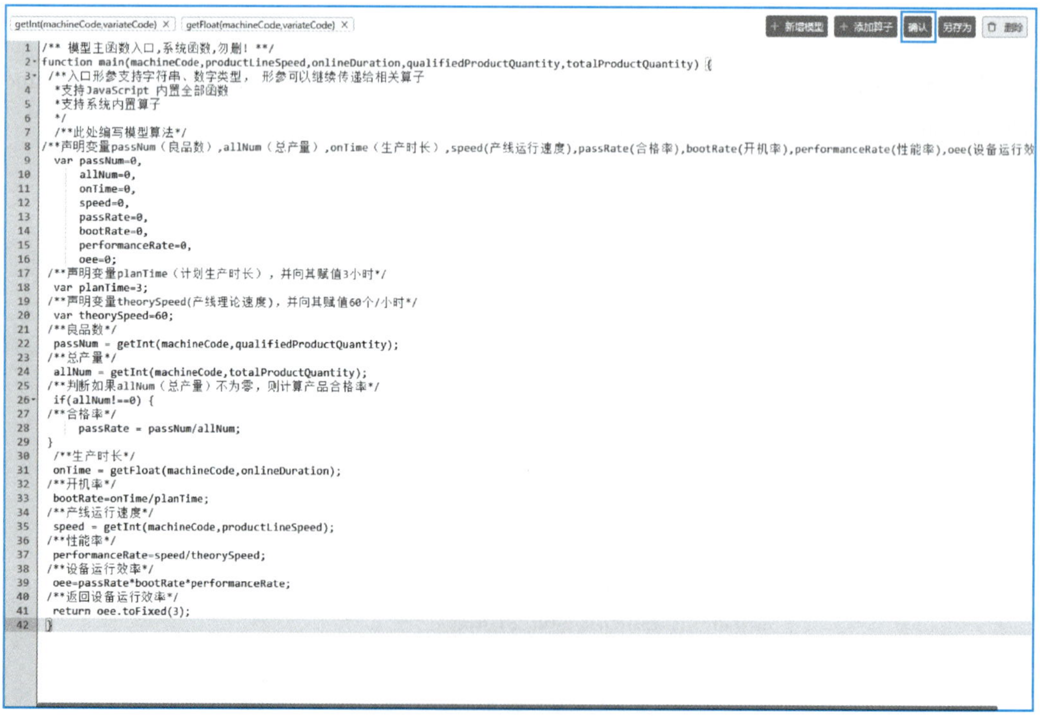

图 3-24 模型配置步骤-5

⑥ 系统提示"是否需要保存该模型？"，单击"确定"按钮，如图 3-25 所示。

图 3-25　模型配置步骤-6

⑦ 录入模型名称，单击"确认"按钮，如图 3-26 所示。

图 3-26　模型配置步骤-7

⑧ 在左侧列表会显示自定义模型，如图 3-27 所示。

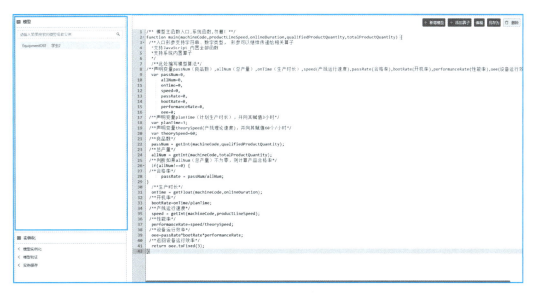

图 3-27　模型配置步骤-8

⑨ 选择待修改的模型，单击"编辑"按钮，如图 3-28 所示。

图 3-28　模型配置步骤-9

⑩ 修改完模型后，单击"确认"按钮，如图 3-29 所示。弹出提示"是否需要保存该模型"，单击"确定"按钮，提示操作成功。

```
1  /** 模型主函数入口,系统函数,勿删！**/
2  function main(machineCode,productLineSpeed,onlineDuration,qualifiedProductQuantity,totalProductQuantity) {
3    /**入口形参支持字符串、数字类型， 形参可以继续传递给相关算子
4     *支持JavaScript 内置全部函数
5     *支持系统内置算子
6     */
7     /**此处编写模型算法*/
8     /**声明变量passNum（良品数）,allNum（总产量）,onTime（生产时长）,speed(产线运行速度),passRate(合格率),bootRate(开机率),performanceRate(性能率),oee(设备运行效
9     var passNum=0,
10        allNum=0,
11        onTime=0,
12        speed=0,
13        passRate=0,
14        bootRate=0,
15        performanceRate=0,
16        oee=0;
17    /**声明变量planTime（计划生产时长），并向其赋值3小时*/
18     var planTime=3;
19    /**声明变量theorySpeed(产线理论速度)，并向其赋值60个/小时*/
20     var theorySpeed=60;
21    /**良品数*/
22     passNum = getInt(machineCode,qualifiedProductQuantity);
23    /**总产量*/
24     allNum = getInt(machineCode,totalProductQuantity);
25    /**判断如果allNum（总产量）不为零，则计算产品合格率*/
26     if(allNum!=0) {
27    /**合格率*/
28        passRate = passNum/allNum;
29    }
30    /**生产时长*/
31     onTime = getFloat(machineCode,onlineDuration);
32    /**开机率*/
33     bootRate=onTime/planTime;
34    /**产线运行速度*/
35     speed = getInt(machineCode,productLineSpeed);
36    /**性能率*/
37     performanceRate=speed/theorySpeed;
38    /**设备运行效率*/
39     oee=passRate*bootRate*performanceRate;
40    /**返回设备运行效率*/
41     return oee.toFixed(3);
42  }
```

图 3-29　模型配置步骤-10

⑪ 选择模型，单击"另存为"按钮，如图 3-30 所示，在弹出页面，输入模型名称，单击"确认"按钮，保存为新的模型。

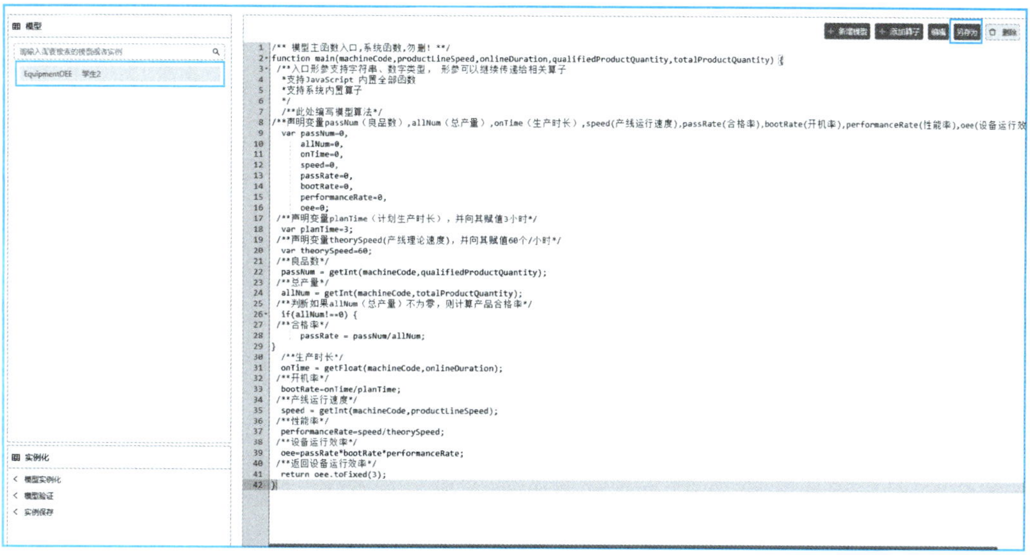

图 3-30　模型配置步骤-11

⑫ 选择待删除的模型，单击"删除"按钮，如图 3-31 所示。

图 3-31　模型配置步骤-12

⑬ 弹出提示"是否要删除这个模型/实例？"单击"确定"按钮，如图 3-32 所示，系统提示操作成功。

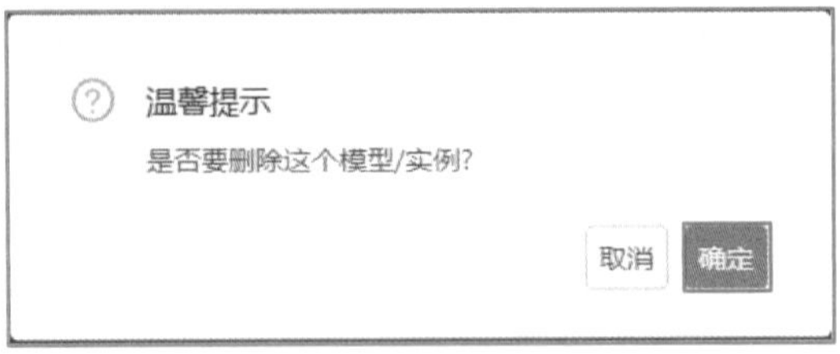

图 3-32　模型配置步骤-13

设备综合效率 EquipmentOEE 模型代码如下：

```
function main(machineCode,productLineSpeed,onlineDuration,qualifiedOutput,totalOutput) {
/**入口形参支持字符串、数字类型,形参可以继续传递给相关算子
  *支持 JavaScript 内置全部函数
  *支持系统内置算子
  */
 /**此处编写模型算法*/
/**声明变量 passNum(良品数),allNum(总产量),onTime(开机时长),speed(产线运行速度),pass-
Rate(合格率),bootRate(开机率),performanceRate(性能率),oee(设备综合效率)*/
  var passNum=0,
     allNum=0,
     onTime=0,
     speed=0,
     passRate=0,
     bootRate=0,
     performanceRate=0,
     oee=0;
/**声明变量 planTime(计划生产时长),并向其赋值 3 小时*/
  var planTime=3;
/**声明变量 theorySpeed(产线理论速度),并向其赋值 60 个/小时*/
  var theorySpeed=60;
/**良品数*/
  passNum = getInt(machineCode,qualifiedOutput);
/**总产量*/
  allNum = getInt(machineCode,totalOutput);
/**判断如果 allNum(总产量)不为零,则计算产品合格率*/
  if(allNum!==0) {
/**合格率*/
     passRate = passNum/allNum;
}
  /**开机时长*/
  onTime = getFloat(machineCode,onlineDuration);
```

```
/ ** 开机率 */
  bootRate=onTime/planTime;
/ ** 产线运行速度 */
  speed = getInt(machineCode,productLineSpeed);
/ ** 性能率 */
  performanceRate=speed/theorySpeed;
/ ** 设备综合效率 */
  oee=passRate * bootRate * performanceRate * 100;
/ ** 返回设备综合效率 */
  return oee. toFixed(3);
}
```

 提示　由于在线编译器的兼容性问题，编写算法模型时，注释以 / * 开头，以 */ 结尾，请勿使用 // 注释代码。

2. 模型实例化

微课 3-8
模型实例化配置

操作完成模型配置后，需要进行模型实例化、模型验证、实例保存，最终得到模型实例，具体操作步骤如下。

① 在实例化模块，单击"模型实例化"按钮，如图 3-33 所示。

```
⊞ 实例化
────────────────────────────
<  模型实例化
<  模型验证
<  实例保存
```

图 3-33　模型实例化步骤-1

② 打开"模型导入"对话框，在模型列表中选择需要实例化的模型，单击"下一步"按钮，如图 3-34 所示。

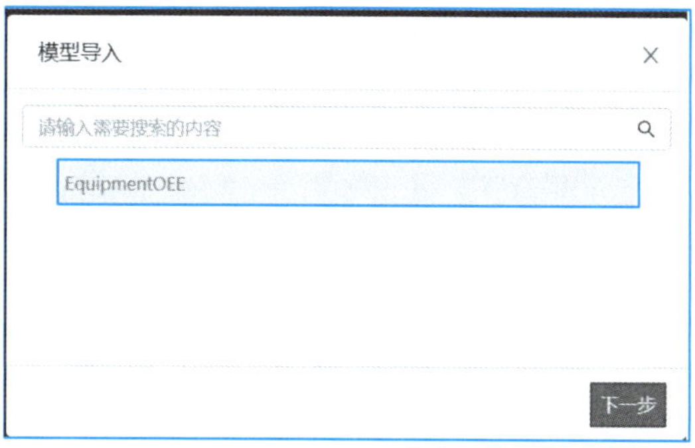

图 3-34　模型实例化步骤-2

③ 在"数据接入"页，根据模型中的参数数量、类型输入参数，单击"确定"按钮，如图 3-35 所示。

图 3-35　模型实例化步骤-3

　　　　如果参数是采点，应输入采点编码，并注意输入过程中不要带入空格。

④ 弹出提示"请点击左下角'模型验证'来验证结果"，单击"确定"按钮，如图 3-36 所示。

图 3-36　模型实例化步骤-4

⑤ 在实例化模块，单击"模型验证"按钮，如图 3-37 所示。

图 3-37　模型实例化步骤-5

⑥ 弹出"验证结果"提示，查看结果，单击"确定"按钮，如图 3-38 所示。

⑦ 在实例化模块，单击"实例保存"按钮，如图 3-39 所示。

图 3-38　模型实例化步骤-6　　　　　　　　图 3-39　模型实例化步骤-7

⑧ 在弹出的"实例保存"页面，输入实例名称，单击"确定"按钮，如图 3-40 所示。

图 3-40　模型实例化步骤-8

⑨ 在模型模块，选择模型下对应的模型实例，可以查看模型实例详细代码，如图 3-41 所示。

图 3-41　模型实例化步骤-9

⑩ 如果需要删除实例，可以选择实例，单击"删除"按钮，如图 3-42 所示。

图 3-42 模型实例化步骤-10

⑪ 系统弹出提示"是否要删除这个模型/实例？"，单击"确定"按钮，如图 3-43 所示，删除模型实例。

⑫ 参考项目 1 工业现场数据采集-网络部署与数据采集，进行监控数据配置，添加设备综合效率，如图 3-44 所示。名称：OEE；直接使用地址；连接设备：SIEMENS S7-1200_Network；站号：1；数据类型：单精度浮点；地址类型：MD；地址：4000；整数位：4；小数位：3；读写设置：只读；描述：设备综合效率，点击"确定"按钮，将其同步到云平台。

图 3-43 模型实例化步骤-11

图 3-44 模型实例化步骤-12

⑬ 参考项目 2 工业数据上云与维护-数据上云与验证，添加采点 OEE，如图 3-45 所示。编码：OEE；名称：设备综合效率；类型：Float；分类：其他；云端计算：开启计算，单击"添加模板/实例"按钮。

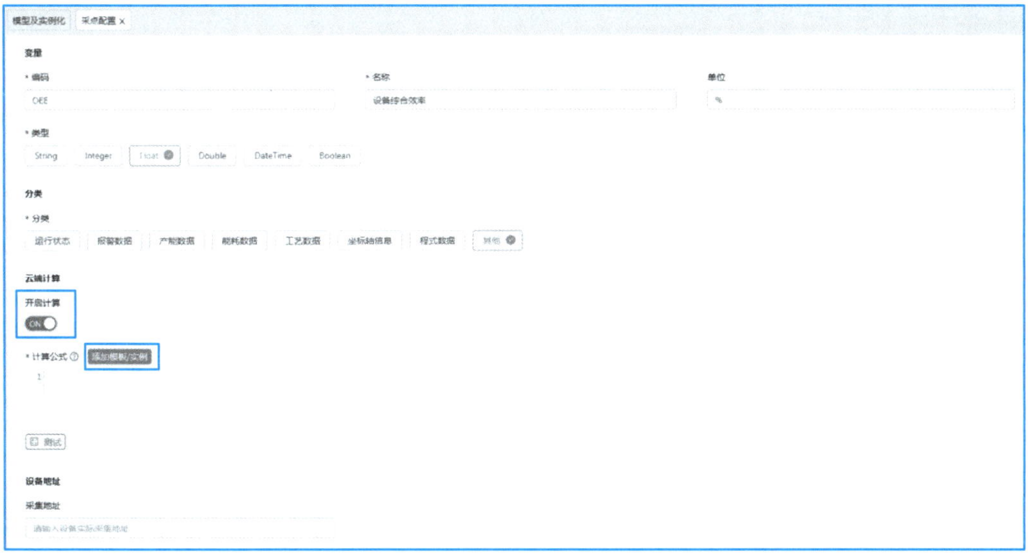

图 3-45　模型实例化步骤-13

⑭ 选择模型实例，单击"确定"按钮，如图 3-46 所示。

图 3-46　模型实例化步骤-14

⑮ 自动将模型实例代码添加到计算公式中。单击"测试"按钮，提示测试成功。操作权限：只读。单击"保存"按钮，如图 3-47 所示。

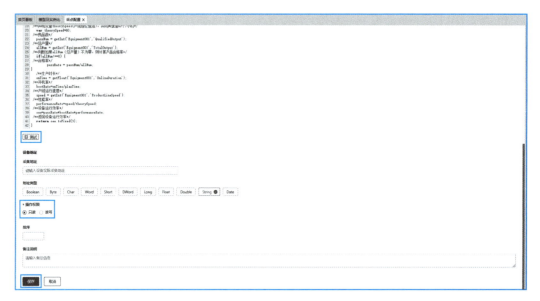

图 3-47　模型实例化步骤-15

⑯ 在窗口左侧选择"设备管理"→"设备状态",查看设备实时信息,如图 3-48 所示。在实时信息中可以看到配置的设备综合效率 OEE 的值。

图 3-48　模型实例化步骤-16

⑰ 通过计算来验证 OEE 的值。

合格率 =(良品数÷总产量)×100% = 7÷8×100% = 87.5%;

开机率 =(开机时长÷计划生产时长)×100% = 2.76÷3×100% = 92%;

性能率 =(产线运行速度÷产线理论速度)×100% = 45÷60×100% = 75%;

设备运行效率(OEE)=合格率×开机率×性能率=87.5%×92%×75%=60.375%。

> 云端计算对代码有长度限制，若超出限制会提示"Maximum length exceeded"，请注意代码长度。

【任务回顾】

【知识点总结】

1. JavaScript 是一种具有函数优先的轻量级、解释型或即时编译型的编程语言。

2. JavaScript 特性：脚本语言，基于对象，简单，动态性，跨平台性。

3. 算法的评价维度：正确性，易读性，健壮性，时间复杂度，空间复杂度。对于非编程专业人员，应当在保证一定正确性的基础上，再去探讨提升易读性、健壮性，降低时间复杂度、空间复杂度。

【思考与练习】

1. 试对教材中的算法进行评价。

2. 尝试自定义算子。

3. 请简述模型及实例化配置的操作步骤。

【项目总结】

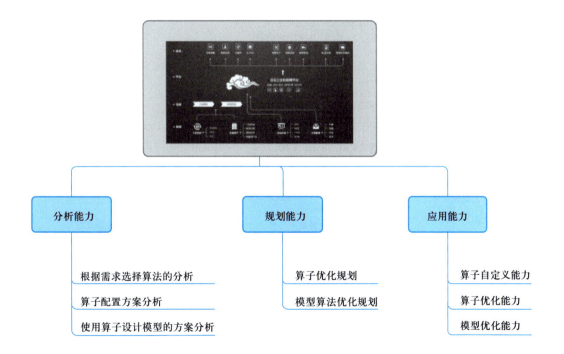

项目4 工业数据边缘处理应用

【项目引入】

在本项目中，云端的算法建模工具足以满足计算要求。但不可否认的是，云端计算通常会面临网络带宽压力和降低时延的需求。在这种情况下，边缘计算起到了很好的补充作用。

边缘是相对于云端来说的，边缘计算既可以进行数据过滤，也可以进行逻辑运算，如图 4-1 所示中虚线框区域。

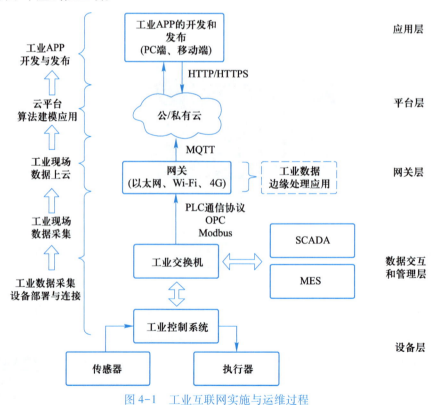

图 4-1　工业互联网实施与运维过程

【知识图谱】

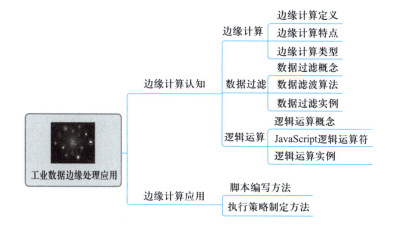

边缘计算认知

工业数据边缘处理应用

- 边缘计算认知
  - 边缘计算
    - 边缘计算定义
    - 边缘计算特点
    - 边缘计算类型
  - 数据过滤
    - 数据过滤概念
    - 数据滤波算法
    - 数据过滤实例
  - 逻辑运算
    - 逻辑运算概念
    - JavaScript逻辑运算符
    - 逻辑运算实例
- 边缘计算应用
  - 脚本编写方法
  - 执行策略制定方法

任务 4.1　边缘计算认知

【任务描述】

尽管业界对边缘计算的定义还没有统一的结论，但在计算的实施之前，还是有必要了解其相关概念。

边缘计算的含义是什么？边缘计算有哪些特点？可以怎样分类？边缘计算有哪些应用？

数据过滤的概念是什么？数据滤波算法有什么应用？

逻辑运算概念是什么？常用的 JavaScript 逻辑运算符有哪些？

以上这些问题，都将在本任务中得到解答。

【知识学习】

微课 4-1
初识边缘计算

4.1.1　边缘计算

随着万物互联时代的到来，网络边缘的设备数量和产生的数据都快速增长，传统的云服务能够创造较高的经济效益，但是存在实时性不够、带宽不足、能耗较大、不利于数据安全和隐私保护等问题。为了解决这些问题，边缘计算应运而生。

1. 边缘计算定义

边缘计算是指在靠近物或数据源头的一侧，采用网络、计算、存储、应用核心能力为一体的开放平台，就近提供最近端服务。其应用程序在边缘侧发起，产生更快的网络服务响应，满足行业在实时业务、应用智能、安全与隐私保护等方面的基本需求。边缘计算处于物理实体和工业连接之间，或处于物理实体的顶端。而云端计算，仍然可以访问边缘计算的历史数据。

云计算适用于非实时、长周期数据、业务决策的业务场景，边缘计算适用于实时性、短周期数据、本地决策的业务场景，边缘计算是云计算的补充和延伸。云计算就像是章鱼的大脑，边缘计算就类似于章鱼的八条腕，如图 4-2 所示。

图 4-2 "一个大脑"+"多个小脑"

边缘计算将大型服务进行分解，切割成更小和更容易管理的部分，把原本完全由中心节点处理的大型服务分散到边缘节点。而边缘节点更接近用户终端装置，这一特点显著提高了数据处理速度与传送速度，进一步降低延时。边缘计算作为云计算模型的扩展和延伸，直面目前集中式云计算模型的发展短板，具有缓解网络带宽压力、增强服务响应能力、保护隐私数据等特征；同时，边缘计算在新型的业务应用中的确起到了显著的提升、改进作用。在智慧城市、智能制造、智能交通、智能家居、智能零售以及视频监控系统等领域，边缘计算都在扮演着先进的改革者形象，推动传统的"云到端"演进为"云—边—端"的新兴计算架构，如图 4-3 所示。

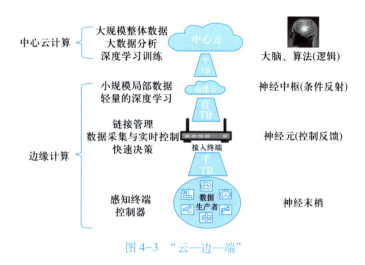

图 4-3　"云—边—端"

2. 边缘计算特点

边缘计算特点包括连接性、数据第一入口、约束性、分布式、融合性、低延时、位置感知、隐私性，如图 4-4 所示。

图 4-4　边缘计算特点

① 连接性：边缘计算是以连接性为基础的，所联接物理对象的多样性及应用场景的多样性，需要边缘计算具备丰富的联接功能，如各种网络接口、网络协议、网络拓扑、网络部署与配置、网络管理与维护。连接性需要充分借鉴吸收网络领域先进研究成果，如 TSN、SDN、NFV、NaaS、WLAN、NB-IoT、5G 等，同时还要考虑与现有各种工业总线的互联互通。

② 数据第一入口：边缘计算作为物理世界到数字世界的桥梁，是数据的第一入口，拥有大量、实时、完整的数据，可基于数据全生命周期进行管理与价值创造，将更好地支撑预测性维护、资产效率与管理等创新应用；同时，作为数据第一入口，边缘计算也面临数据实时性、确定性、多样性等挑战。

③ 约束性：边缘计算产品需适配工业现场相对恶劣的工作条件与运行环境，如防电磁、防尘、防爆、抗振动、抗电流/电压波动等。在工业互联场景下，对边缘计算设备的

功耗、成本、空间也有较高的要求。边缘计算产品需要考虑通过软硬件集成与优化，以适配各种条件约束，支撑行业数字化多样性场景。

④ 分布式：边缘计算实际部署天然具备分布式特征。这要求边缘计算支持分布式计算与存储，实现分布式资源的动态调度与统一管理，支撑分布式智能，具备分布式安全等能力。

⑤ 融合性：OT 与 IT 的融合是行业数字化转型的重要基础。边缘计算作为 OICT（OT&ICT，运营技术与信息通信技术）融合与协同的关键承载，需要支持在连接、数据、管理、控制、应用、安全等方面的协同，因此具有较高的融合性。

⑥ 低延时：由于移动边缘技术服务靠近终端设备或者直接在终端设备上运行，适用于捕获和分析大数据中的关键信息，聚焦实时、短周期数据的分析，减轻云端的负荷，降低云端成本，大大提升处理效率，减少网络堵塞，降低延时，能够更好地支撑本地业务的实时智能化处理与执行。

⑦ 位置感知：当网络边缘是无线网络的一部分时，本地服务都可以利用相对较少的信息来确定每个连接设备的具体位置。根据自己的实时位置把相关位置信息和数据交给边缘节点来进行处理，边缘节点基于现有的数据进行判断和决策。整个过程中的网络开销都是最小的，用户请求极快地得到响应。

⑧ 隐私性：由于数据的隐私性，用户并不愿意将数据上传至云端进行处理。而边缘计算可以对数据进行处理，减少数据的外流，从而降低数据外泄的可能性，提升系统的隐私性。

① TSN（Time-Sensitive Network）：实时网络。

② SDN（Software-Defined Network）：软件定义网络。

③ NFV（Network Functions Virtualization）：网络功能虚拟化。

④ NaaS（Network as a Service）：网络即服务。

⑤ WLAN（Wireless Local Area Network）：无线局域网。

⑥ NB-IoT（Narrow Band Internet of Things）：窄带物联网。

⑦ 5G（5th generation mobile networks）：第五代移动通信技术。

⑧ OT（Operation Technology）：运营技术。

⑨ IT（Information Technology）：信息技术。

⑩ ICT（Information and Communication Technology）：信息通信技术。

⑪ OICT（OT & ICT）：运营技术与信息通信技术。

3. 边缘计算类型

边缘计算的类型共分为 3 种，分别为个人边缘、业务边缘、多云边缘，如图 4-5 所示。

图 4-5　边缘计算的 3 种类型

① 个人边缘计算围绕着每个人，如智能手机、家庭机器人、智能眼镜、医疗传感器、穿戴手表、智能音箱及其他家庭自动化系统。个人边缘设备一般情况下是移动的，需要考虑续航能力、网络切换及离线条件的特性。

② 业务边缘用于汇聚个人边缘设备的信息，机器人、传感设备等信息在此处汇集并处理。此类设备可以部署在办公区域或家庭区域，用于支撑区域范围内的信息集中、交互、处理。

③ 多云边缘涉及多个云平台的协同。语音处理、人脸识别、医疗人工智能等垂直云平台的兴起，提高了物联网的智能化。多云边缘相当于在不同云平台侧提供数据解析、数据交互、数据协同的功能。

4. 面临的挑战

目前，关于边缘计算的研究才刚刚起步，虽然已经取得了一定成果，但从实际应用来说，还存在很多问题需要研究，下面对其中的几个主要问题进行分析，如图 4-6 所示。

（1）多主体的资源管理

边缘计算资源分散在数据的传输路径上，被不同的主体所管理和控制，如用户控制终端设备、网络运营商控制通信基站、网络基础设施提供商控制路由器、应用服务供应商控制边缘服务器与内容传输网络。而云计算中的资源都是集中式的管理，因此云计算的资源管理方式并不适用于管理边缘计算分散的资源。目前关于边缘计算的研究也主要集中在对单一主体资源的管理和控制，还未涉及多主体资源的管理，实现灵活的多主体资源管理是一个十分富有挑战性的问题。

（2）应用的移动管理

边缘计算依靠资源在地理上广泛分布的特点来支持应用的移动性，一个边缘计算节点只服务周围的用户，应用的移动就会造成服务节点的切换，而云计算对应用移动性的支持

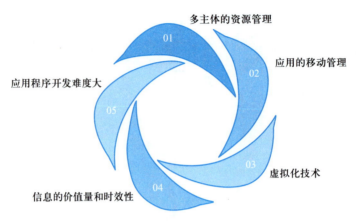

图 4-6　边缘计算面临的挑战

则是"服务器位置固定，数据通过网络传输到服务器"。所以，在边缘计算中应用的移动管理也是一种新模式，涉及资源发现和资源切换等问题。

（3）虚拟化技术

为了方便资源的有效管理，边缘计算需要虚拟化技术的支持，为系统选择合适的虚拟化技术是边缘计算的一个研究热点。目前，新型的虚拟化技术层出不穷，如何打破虚拟机和容器的规则与界限，将两者充分融合，同时具备两者的优势，设计适应边缘计算特点的虚拟化技术，也是一大挑战。

（4）信息的价值量和时效性

数据分析的数据量越大，往往提取出的价值信息就越多。但是收集数据需要时间，价值信息往往也具有时效性。边缘计算使数据可以在汇集的过程中被处理与分析，很多数据如果被过早地分析，可能会丢失很多有价值的信息，所以如何权衡提取信息的价值量与时效性是一个关键性问题。

（5）应用程序开发难度大

边缘计算资源动态、异构与分散的特性使应用程序的开发十分困难。为减少应用的开发难度，需要可以适应边缘计算资源的编程模型。

4.1.2　数据过滤

1. 数据过滤概念

数据过滤是最常见的数据操作之一。想要学习数据过滤，首先要了解数据是什么。其实数据是指对客观事件进行记录并可以鉴别的符号，是对客观事物的性质、状态以及相互关系等进行记载的物理符号或这些物理符号的组合，是可识别的、抽象的。

它不仅指狭义上的数字，还可以是具有一定意义的文字、字母、数字符号的组合、图形、图像、视频、音频等，也可以是客观事物的属性、数量、位置及其相互关系的抽象表示。例如，"0、1、2…""阴、雨、下降、气温""学生的档案记录""货物的运输情况"等都是数据。

过滤在概念中就是把某些不需要的东西进行筛选排除。那么数据过滤顾名思义就是对数据进行筛选排除，提取所需的信息，把无意义或对本次工作对象无影响的数据进行排除，如对垃圾短信的过滤，过滤过程如图 4-7 所示。

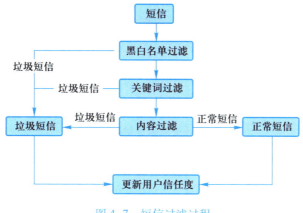

图 4-7　短信过滤过程

2. 数据滤波算法

原始数据的滤波处理主要是去掉原始数据中的随机误差，以提高数据质量。数据滤波的算法很多，如限幅滤波法、中位值滤波法、算术平均滤波法以及递推平均滤波法等，如图 4-8 所示。

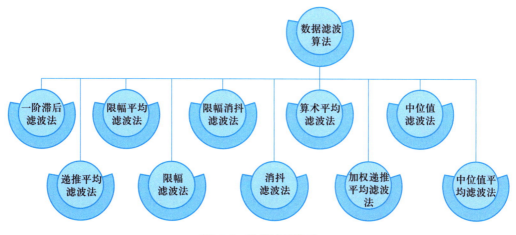

图 4-8　数据滤波算法

以下是常见滤波算法的分析与比较，见表 4-1。

表 4-1   常见滤波算法的分析与比较

限幅滤波法（程序判断滤波法）	
方法	根据经验判断，确定两次采样允许的最大偏差值（设为 A）。每次检测到新值时判断，如果本次值与上次值之差≤A，则本次值有效。如果本次值与上次值之差>A，则本次值无效，放弃本次值，用上次值代替本次值
优点	有效克服因偶然因素引起的脉冲干扰
缺点	无法抑制周期性的干扰，整体平滑度差
中位值滤波法	
方法	连续采样 N 次（N 取奇数），把 N 次采样值按大小排列，取中间值为本次有效值
优点	能有效克服因偶然因素引起的波动干扰，对温度、液位等变化缓慢的被测参数有良好的滤波效果
缺点	对流量、速度等快速变化的参数不宜
算术平均滤波法	
方法	连续取 N 个采样值进行算术平均运算。N 值较大时：信号平滑度较高，但灵敏度较低；N 值较小时：信号平滑度较低，但灵敏度较高
优点	适用于对一般具有随机干扰的信号进行滤波，这样信号的特点是有一个平均值，信号在某一数值范围附近上下波动
缺点	对于测量速度较慢或要求数据计算速度较快的实时控制不适用，成本高
递推平均滤波法（滑动平均滤波法）	
方法	把连续取 N 个采样值看成一个队列，队列的长度固定为 N，每次采样到一个新数据放入队尾，并扔掉原来队首的一个数据（先进先出原则），把队列中的 N 个数据进行算术平均运算，就可获得新的滤波结果
优点	对周期性干扰有良好的抑制作用，平滑度高，适用于高频振荡的系统
缺点	灵敏度低，对偶然出现的脉冲性干扰的抑制作用较差，不易消除由于脉冲干扰所引起的采样值偏差，不适用于脉冲干扰比较严重的场合，成本高
中位值平均滤波法（防脉冲干扰平均滤波法）	
方法	相当于"中位值滤波法"+"算术平均滤波法"。连续采样 N 个数据，去掉一个最大值和一个最小值，然后计算 $N-2$ 个数据的算术平均值
优点	融合了两种滤波法的优点，对于偶然出现的脉冲性干扰，可消除由于脉冲干扰所引起的采样值偏差
缺点	测量速度较慢，和算术平均滤波法一样，成本高
限幅平均滤波法	
方法	相当于"限幅滤波法"+"递推平均滤波法"，每次采样到的新数据先进行限幅处理，再送入队列进行递推平均滤波处理
优点	融合了两种滤波法的优点，对于偶然出现的脉冲性干扰，可消除由于脉冲干扰所引起的采样值偏差
缺点	成本高

续表

一阶滞后滤波法	
方法	取 $a=0{\sim}1$，本次滤波结果=$(1-a)$本次采样值+a上次滤波结果
优点	对周期性干扰具有良好的抑制作用，适用于波动频率较高的场合
缺点	相位滞后，灵敏度低，滞后程度取决于 a 值大小，不能消除滤波频率高于采样频率的1/2的干扰信号
加权递推平均滤波法	
方法	改进递推平均滤波法，即不同时刻的数据加以不同的权。通常是越接近现时刻的数据，权取得越大。给予新采样值的权系数越大，则灵敏度越高，但信号平滑度越低
优点	适用于有较大纯滞后时间常数的对象和采样周期较短的系统
缺点	对于纯滞后时间常数较小，采样周期较长，变化缓慢的信号，不能迅速反应系统当前所受干扰的严重程度，滤波效果差
消抖滤波法	
方法	设置一个滤波计数器，将每次采样值与当前有效值比较，如果采样值=当前有效值，则计数器清零；如果采样值<或>当前有效值，则计数器+1，并判断计数器是否≥上限 N（溢出）；如果计数器溢出，则将本次值替换当前有效值，并清空计数器
优点	对于变化缓慢的被测参数有较好的滤波效果，可避免在临界值附近控制器的反复开/关跳动或显示器上数值抖动
缺点	对于快速变化的参数不宜，如果在计数器溢出的那一次采样到的值恰好是干扰值，则会将干扰值当做有效值导入系统
限幅消抖滤波法	
方法	相当于"限幅滤波法"+"消抖滤波法"，先限幅，后消抖
优点	继承了"限幅"和"消抖"的优点，改进了"消抖滤波法"中的某些缺陷，避免将干扰值导入系统
缺点	对于快速变化的参数不宜

数据滤波算法之间的关系，如图4-9所示。

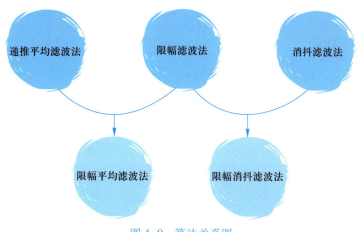

图4-9 算法关系图

4.1.3　逻辑运算

1. 逻辑运算概念

逻辑运算（Logical Operation）又称布尔运算，通常用来测试真假值。最常见到的逻辑运算就是循环的处理，用来判断是否离开循环或继续执行循环内的指令。在逻辑代数中，有与、或、非 3 种基本逻辑运算。表示逻辑运算的方法有多种，如语句描述、逻辑代数式、真值表、卡诺图等。

> 逻辑代数是研究逻辑函数运算和化简的一种数学系统。逻辑函数的运算和化简是数字电路课程的基础，也是数字电路分析和设计的关键。

逻辑运算与数据过滤通常都是配合使用的，其实在日常生活中，很多事情都是使用数据过滤与逻辑运算在进行工作的。如图 4-10 所示企业招聘，通过简历获得 2 男 1 女的以及他们各自成绩的数据，再从性别上进行逻辑判断，最后得出结果。

图 4-10　数据过滤与逻辑运算示意图

2. JavaScript 逻辑运算符

逻辑运算符通常用于布尔型（逻辑）值。这种情况下，它们返回一个布尔值。然而，&& 和 ‖ 运算符会返回一个指定操作数的值，因此，这些运算符也用于非布尔值。这时，它们也就会返回一个非布尔型值。JavaScript 逻辑运算符见表 4-2。

表 4-2   JavaScript 逻辑运算符

运 算 符	描　　　述	语　　法	结　　　　果
&&	逻辑与	expr1&&expr2	如果 expr1 和 expr2 都为 True，结果为 True，否则为 False
‖	逻辑或	expr1 ‖ expr2	如果 expr1 和 expr2 任意一个为 True，结果为 True，否则为 False
!	逻辑非	!expr	如果 expr 为 True，结果为 False，否则为 True

① 其中 expr 可能是任何一种类型，不一定是布尔值。尽管 && 和 ‖ 运算符能够使用非布尔值的操作数，但它们依然可以被看做是布尔操作符，因为它们的返回值总是能够被转换为布尔值。

② 表达式（expr）会被转换为 false 的有 null、NaN、0、空字符串（"" or "or"）、undefined。

③ 优先级为:!，&&，‖；同级运算从左到右。

【任务实施】

微课 4-2
数据过滤实例

4.1.4　数据过滤实例

汽车生产线要求湿度应该保持在 35%～75%，超出此范围，会对生产线某些工艺产生影响。在项目 1 工业现场数据采集已经完成了湿度的数据采集，接下来通过编写脚本判断湿度的数据是否符合标准，需求见表 4-3。

表 4-3   数据过滤需求

产 线 状 态	"湿度"范围	边缘层处理
正常运行	35%～75%	正常
传感器失常/损坏	<35%或者>75%	异常

① 参考项目 1 工业现场数据采集–网络部署与数据采集，在 Hanyun_Box_PLC 网关管理软件 XEdge 里面添加监控数据，如图 4-11 所示，用于存放边缘计算的结果，并进行展示。

② 选择网关盒子，在"边缘计算"中选择"脚本"标签页，单击"新建脚本"按钮，如图 4-12 所示。

图 4-11　边缘计算脚本操作步骤-1

图 4-12　边缘计算脚本操作步骤-2

③ 在打开的"新建脚本"页面，添加脚本名称和说明，如图 4-13 所示。名称：自定义名字（支持中文）；说明：自定义说明（支持中文）。

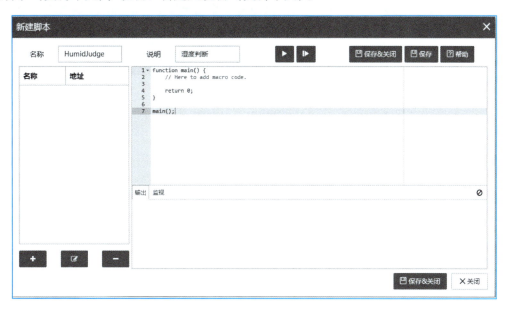

图 4-13　边缘计算脚本操作步骤-3

④ 在如图 4-13 所示的"新建脚本"页面，单击左下角"➕"按钮，添加变量。

⑤ 根据实际填写需关联变量信息，本次以 Humidity 为例，如图 4-14 所示。名称：Humidity；选择"直接使用地址"；连接设备：SIEMENS S7-1200_Network；地址类型：MD；地址：612。单击"确定"按钮。

图 4-14　边缘计算脚本操作步骤-4

⑥ 单击"添加变量"按钮，添加变量 HumidityJudge，如图 4-15 所示。

图 4-15　边缘计算脚本操作步骤-5

⑦ 在右侧完成脚本编写，然后单击"运行"按钮▶，查看输出内容。如果出现错误，可以查看"帮助"。确认无误后，单击"保存 & 关闭"按钮，如图 4-16 所示。

图 4-16　边缘计算脚本操作步骤-6

⑧ 保存脚本后，可以在"脚本"标签页中查看脚本基本信息，如图 4-17 所示。

图 4-17　边缘计算脚本操作步骤-7

⑨ 选择网关盒子，在"边缘计算"选择"执行策略"标签页，单击"新建策略"按钮，如图 4-18 所示。

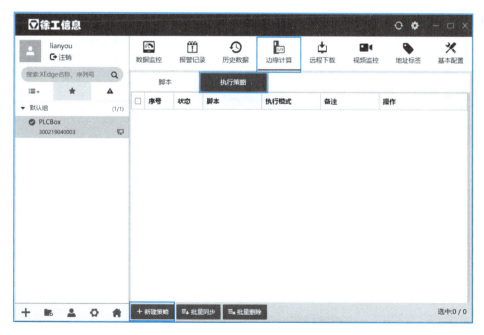

图 4-18　边缘计算执行策略操作步骤-1

⑩ 执行模式一共有 3 种，分别为 XEdge 启动时执行、周期执行、条件执行。XEdge 启动时执行指设备启动上电后执行一次，之后不再动作；周期执行指根据设定时间进行周期性执行；条件执行指当满足某条件时候执行一次脚本。本次选择周期执行，执行周期为 5 分钟一次。选择脚本 HumidJudge，单击"确定"按钮，如图 4-19 所示。

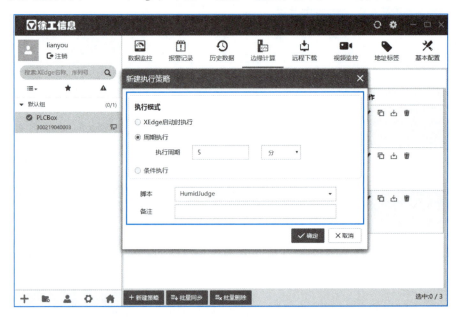

图 4-19   边缘计算执行策略操作步骤-2

⑪ 在"执行策略"标签页可以看到脚本的策略信息，如图 4-20 所示。

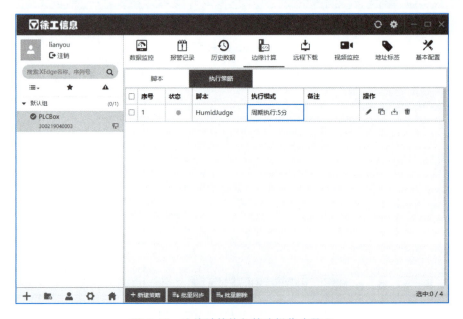

图 4-20   边缘计算执行策略操作步骤-3

⑫ 在"脚本"标签页可以查看脚本被引用的个数。在执行策略中添加了 1 个执行策略，因此在 HumidJudge 所在行的"引用"列可以看到"1 引用"。证明此脚本成功添加到"执行策略"中，如图 4-21 所示。

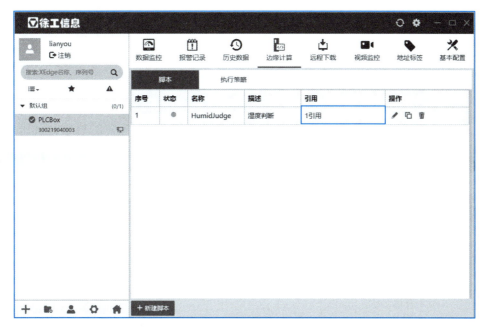

图 4-21　边缘计算执行策略操作步骤-4

⑬ 在"数据监控"页面，查看数据监控 Humidity、HumidityJudge 的值，如图 4-22 所示。

图 4-22　边缘计算执行策略操作步骤-5

判断湿度是否合格的脚本如下：

```
function main( ) {
    // Here to add macro code.
    //读取湿度的值
    var humidity = getFloat("Humidity", 0);
    //声明变量 state(判断结果)
    var state = 0;
    //判断湿度的值是否小于 35
    if( humidity<35) {
        //不合格
        state = 2;
    }
    //判断湿度的值是否在 35~75 之间
    else if( humidity<=75) {
        //合格
        state = 1;
    }
    else{
        //不合格
        state = 2;
    }
    //把 state 的值写入 HumidityJudge 对应的地址
    setU16("HumidityJudge", 0, state);
}

main( );
```

4.1.5　逻辑运算实例

微课 4-3
逻辑运算实例

　　在 4.1.4 数据过滤实例中已经完成了对湿度数据进行判断，本次通过逻辑运算的方式来判断湿度数据是否符合标准。

　　操作步骤基本同 4.1.4 数据过滤实例，只是在步骤⑦中编写脚本时有所不同。具体脚本见下文。

　　判断湿度是否合格的逻辑运算脚本如下：

```
function main( ) {
    // Here to add macro code.
    //读取湿度的值
    var humidity = getFloat("Humidity", 0);
```

```
            //声明变量 state(判断结果)
            var state=0;
            //判断湿度的值是否在 35~75 之间
            if((humidity>=35)&&(humidity<=75)){
                //合格
                state=1;
            }
            else{
                //不合格
                state=2;
            }
            //把 state 的值写入 HumidityJudge 对应的地址
            setU16("HumidityJudge", 0, state);
    }

    main();
```

【任务回顾】

【知识点总结】

1. 边缘计算的定义：边缘计算采用一种分散式运算的架构，将之前由网络中心节点处理的应用程序、数据资料与服务的运算交由网络逻辑上的边缘节点处理。

2. 边缘计算的特点：连接性，数据第一入口，约束性，分布性，融合性，低延时，位置感知，隐私性。

3. 边缘计算的类型分为个人边缘、业务边缘、多云边缘 3 种。

4. 数据过滤是采用一定的方式将满足条件的数据过滤出来。

5. 逻辑运算（Logical Operation）又称布尔运算，通常用来测试真假值。最常见到的逻辑运算就是循环的处理，用来判断是否应该离开循环或继续执行循环内的指令。在逻辑代数中，有与、或、非 3 种基本逻辑运算。

【思考与练习】

1. 列举云计算和边缘计算的区别。

2. 边缘计算面临的挑战有哪些？

3. 数据滤波算法有哪些？

4. 请列举数据过滤的应用场景。

5. 什么是逻辑运算？

6. JavaScript 的逻辑运算符有哪些？

任务 4.2　边缘计算应用

【任务描述】

本任务目的是通过边缘计算判断加工的零件存放位置。已知一个合格零件应该保证高度符合标准，并将加工时间控制在合理的范围内，如果时间过快或超时都会造成零件不合格。如果零件不合格会直接放到废品库，如果零件合格，将零件放入成品库对应颜色的库位（零件只有白色、蓝色两种颜色，即白色零件放入白色库位，蓝色零件放入蓝色库位）。首先可以通过高度传感器来获取零件的高度信息，其次可以通过 PLC 获取零件的铣削加工时间，最后，通过色标传感器获取零件的颜色信息。

由此得出需要采集的数据列表，见表 4-4。

表 4-4　工业数据采集列表

数 据 变 量	变 量 名 称	地　　址	数 据 类 型	采 集 周 期
白色	White	M. B：2044. 0	Bool	30 秒
蓝色	Blue	M. B：2044. 1	Bool	30 秒
高度	Height	M. B：2044. 2	Bool	30 秒
高度不合格	HeightNo	M. B：2044. 3	Bool	30 秒
加工时间	Time	MD：2028	Real	30 秒
环境温度	Temperature	MD：608	Real	30 秒
零件	Part	RW：3000	UInt16	30 秒

结合项目 1 工业现场数据采集的内容，在网关中添加监控数据。

提示　　添加零件监控数据时，应注意选择连接设备为 Local。

【任务实施】

4.2.1　脚本编写

微课 4-4
数据特征分析

通过任务描述，已经基本了解本次边缘计算需要解决的问题，接下来具体分析一下业务。

人们往往会根据物体的一些特点来区分它们，如依据零件的颜色、高度辨别零件种类、是否合格。像这种可以对事物的某些方面的特点进行刻画的数字或者数据，称为特征。特征是数据过滤中的重要概念。对同样的事物，可以提取出各种各样的特征。不同的特征对判断的准确性会有很大的影响。

在零件是否合格判断中，怎么得到可以被工业互联网系统所使用的特征呢？经过尝试，人们发现用零件的颜色和高度作为零件的特征，可以有效地判断。使用色标传感器和光电传感器即可采集特征数据。

此次需要判断零件种类、是否合格，在中级教材中，用来过滤数据的特征是颜色、高度、时间，数据过滤规则见表 4-5。

表 4-5   中级教材中的数据过滤规则

数　据	名　　称	规　　则	结　果
颜色	White	White = 1	白色
		Blue = 0	
	Blue	White = 0	蓝色
		Blue = 1	
高度	Height	Height = 1	合格
		HeightNo = 0	
	HeightNo	Height = 0	不合格
		HeightNo = 1	
时间	Time	Time < 40	过快
		40 ≤ Time ≤ 70	合格
		Time > 70	超时

但是，在数据准确性判断时，有一定的误差率。考虑到环境温湿度对传感器的准确度会造成一定影响，在极端条件下可能会造成数据异常。故将环境温度纳入判断条件中，在数据异常时予以剔除，见表 4-6。

表 4-6   优化后的数据过滤规则

数　据	名　　称	规　　则	结　果
颜色	White	White = 1	白色
		Blue = 0	
	Blue	White = 0	蓝色
		Blue = 1	

续表

数　　据	名　　称	规　　则	结　　果
高度	Height	Height = 1	合格
		HeightNo = 0	
	HeightNo	Height = 0	不合格
		HeightNo = 1	
时间	Time	Time < 40	过快
		40 ≤ Time ≤ 70	合格
		Time > 70	超时
温度	Temperature	Temperature > 40	不合格
		Temperature ≤ 40	合格

在完成采点配置后，可以通过边缘计算对数据进行处理，然后再上传到云平台。操作步骤如下。

微课 4-5
边缘计算-脚本编写

① 选择网关盒子，在"边缘计算"中选择"脚本"标签页，单击"新建脚本"按钮，如图 4-12 所示。

② 在"新建脚本"页面，添加脚本名称和说明。名称：自定义名字（支持中文）；说明：自定义说明（支持中文），如图 4-23 所示。

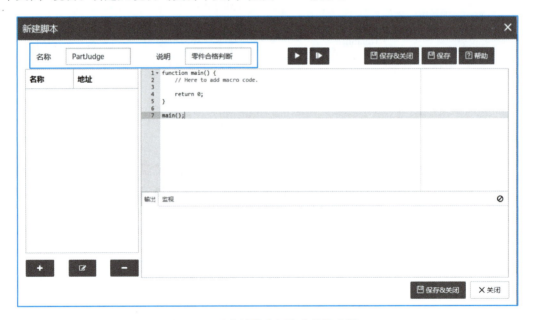

图 4-23　边缘计算应用脚本操作步骤-1

③ 在"新建脚本"页面，单击左下角" "按钮，添加变量。

④ 根据实际填写需关联变量信息，本次以 White 为例。名称：White；选择"直接使用地址"；连接设备：SIEMENS S7-1200_Network；地址类型：M.B；地址：2044.0。单击"确定"按钮，如图 4-24 所示。

图 4-24　边缘计算应用脚本操作步骤-2

⑤ 参考步骤④依次添加 Height、HeightNo、Time、Temperature、Part，添加变量 Part 时，连接设备选择 Local。结果如图 4-25 所示。

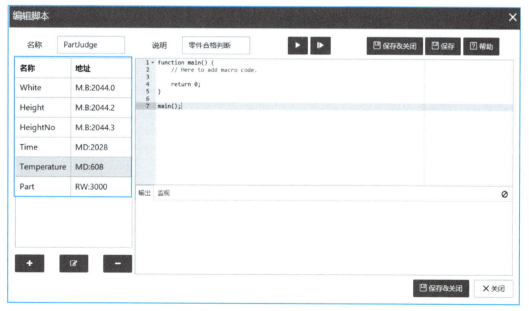

图 4-25　边缘计算应用脚本操作步骤-3

⑥ 在右侧完成脚本编写，然后单击"运行"按钮▶，查看输出内容。如果出现错误，可以查看"帮助"。确认无误后，单击"保存 & 关闭"按钮，如图 4-26 所示。

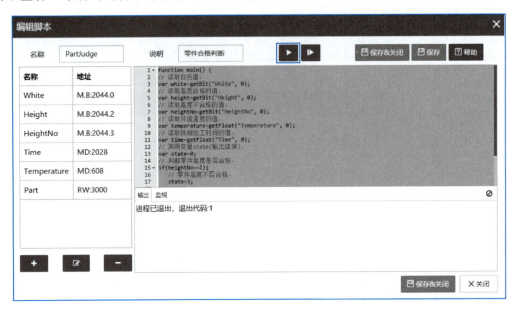

图 4-26　边缘计算应用脚本操作步骤-4

⑦ 完成脚本编写确认保存后可以在"脚本"标签页中看见脚本基本信息，如图 4-27 所示。

图 4-27　边缘计算应用脚本操作步骤-5

判断零件是否合格的脚本如下：

微课 4-6
边缘计算-脚本优化

```
function main( ) {
//读取白色的值
var white=getBit("White", 0);
//读取高度合格的值
var height=getBit("Height", 0);
//读取高度不合格的值
var heightNo=getBit("HeightNo", 0);
//读取环境温度的值
var temperature=getFloat("Temperature", 0);
//读取铣削加工时间的值
var time=getFloat("Time",0);
//声明变量 state(输出结果)
var state=0;
//判断零件高度是否合格
if (heightNo==1) {
    //零件高度不合格
    state=3;
}
else{
//判断铣削加工时间是否小于 40
  if (time<40) {
    //铣削加工时间过快
    state=1;
   }
//判断铣削加工时间是否在 40~70 范围内
  else if (time<=70) {
  //判断零件高度是否合格并且颜色为白色
  if((height==1)&&(white==1)&&(temperature<=40)) {
    //环境温度≤40℃,零件高度合格并且颜色为白色
    state=2;
  }
  else{
    //零件高度合格并且颜色为蓝色
    state=5;
  }
  }
else{
    //铣削加工时间超时
```

```
        state = 4;
    }
}
//把 state 的值写入 Part 对应的地址
setU16("Part", 0, state);
}


main();
```

微课 4-7
边缘计算-制定
执行策略

4.2.2　制定执行策略

完成边缘计算脚本编辑后，要根据实际情况设置脚本的运行策略。本任务是判断零件是否存放正确，先对零件进行铣削加工，然后进行高度检测，最后进行颜色检测。当高度检测不合格后会直接放到废品库，不再进行颜色检测。由于高度和颜色检测存在时间差，所以如果零件高度合格必须等到颜色检测完成才能判断零件是否存放正确，并且铣削加工、颜色、高度的信息都会等到执行一个完整周期后置 0。零件加工流程如图 4-28 所示。

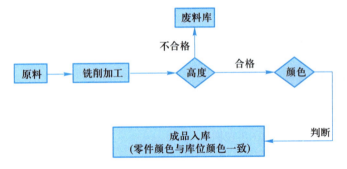

图 4-28　零件加工流程

由此可以得出检测结果判断规则，见表 4-7。

表 4-7　检测结果判断规则

采　点	值		
高度合格	1	1	0
高度不合格	0	0	1
白色	1	0	0
蓝色	0	1	0

所以边缘计算的执行策略是：当高度不合格时，执行边缘计算脚本；当高度合格时，通过零件颜色白色或蓝色的值触发边缘计算脚本，具体操作如下。

① 选择网关盒子，在"边缘计算"选择"执行策略"标签页，单击"新建策略"按钮，如图 4-18 所示。

② 执行模式一共有 3 种，分别为 XEdge 启动时执行、周期执行、条件执行。XEdge 启动时执行：设备启动上电后执行一次，之后不再动作；周期执行：根据设定时间进行周期性执行；条件执行：当满足某条件时候执行一次脚本，如图 4-29 所示。

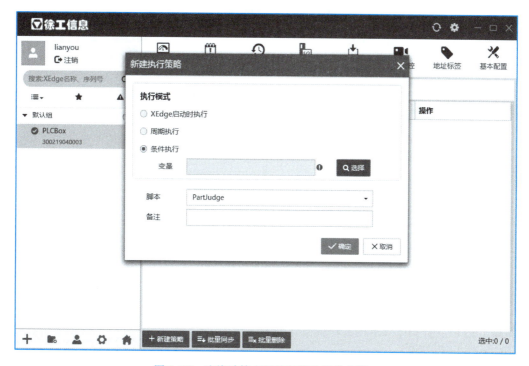

图 4-29　边缘计算应用执行策略操作步骤-1

③ 以高度不合格条件执行为例。选择"条件执行"，单击"选择"按钮，选择变量；选择"直接使用地址"；连接设备：SIEMENS S7-1200_Network；站号：1；数据类型：位；地址类型：M.B；地址：2044.3。单击"确定"按钮，如图 4-30 所示

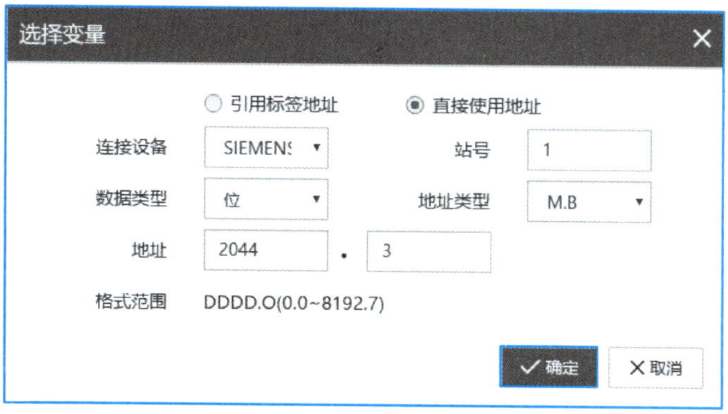

图 4-30　边缘计算应用执行策略操作步骤-2

④ 设定执行条件，添加脚本与编写备注。条件：根据实际要求进行选择，本次选择 ON；脚本：选择本执行策略所控制的脚本，本次选择 PartJudge；备注：自定义说明（支持中文）。单击"确定"按钮，如图 4-31 所示。

图 4-31　边缘计算应用执行策略操作步骤-3

⑤ 参考步骤①~④，添加零件颜色（白色、蓝色）的执行条件。编辑完成后在"执行策略"内可以看到此脚本的策略信息，如图 4-32 所示。

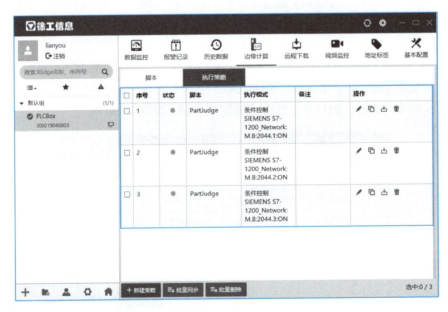

图 4-32　边缘计算应用执行策略操作步骤-4

⑥ 选中这 3 个执行策略，单击"批量同步"按钮，如图 4-33 所示。

图 4-33　边缘计算应用执行策略操作步骤-5

⑦ 弹出系统提示"确定要同步改执行计划吗？同步后 XEdge 会自动重启"，单击"确定"按钮，如图 4-34 所示。

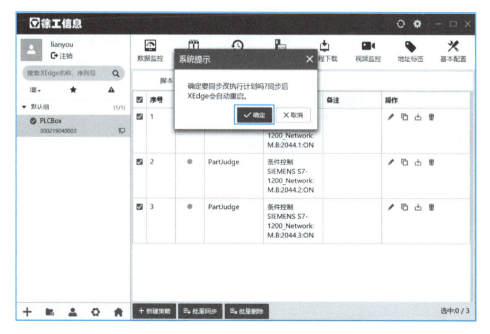

图 4-34　边缘计算应用执行策略操作步骤-6

⑧ 同步后，所有的执行策略的状态变为已同步状态（绿色），如图 4-35 所示。

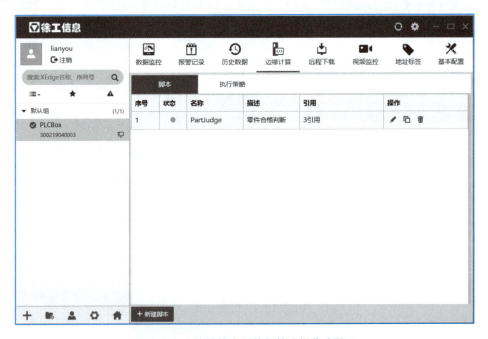

图 4-35 边缘计算应用执行策略操作步骤-7

⑨ 在"脚本"标签页中可以查看脚本被引用的个数。在执行策略中添加了 3 个执行策略，因此在 PartJudge 所在行的"引用"列可以看到"3 引用"。证明此脚本成功添加到"执行策略"中，如图 4-36 所示。

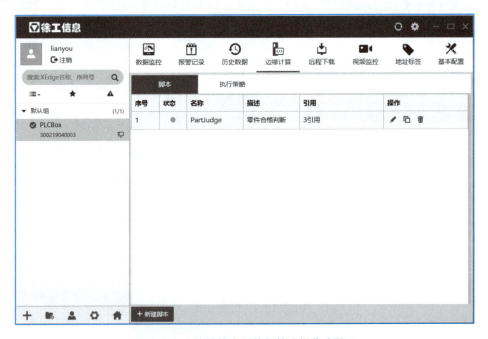

图 4-36 边缘计算应用执行策略操作步骤-8

⑩ 在汽车生产线加工一个合格的白色零件，并查看零件的结果，如图 4-37 所示。

图 4-37　边缘计算应用执行策略操作步骤-9

⑪ 在汽车生产线加工一个不合格的零件，并查看零件的结果，如图 4-38 所示。

图 4-38　边缘计算应用执行策略操作步骤-10

【任务回顾】

【知识点总结】

边缘计算的操作流程：添加边缘计算脚本，添加边缘计算执行策略。

【思考与练习】

1. 请简述边缘计算添加脚本操作步骤。

2. 请列举边缘计算的应用场景。

【项目总结】

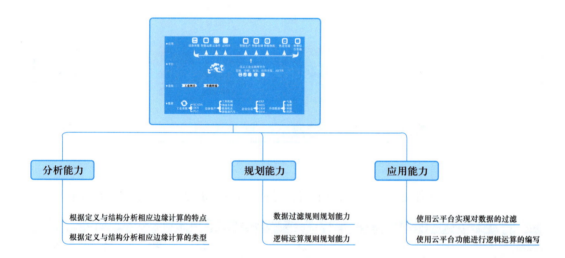

项目5 工业APP开发与发布

【项目引入】

随着项目的逐渐推进，工业数据得以采集、上云，并在上云前后经过边缘计算或算法建模处理，接下来需要根据实际的业务需求，进行工业 APP 的开发与发布，如图 5-1 所示中虚线框区域。

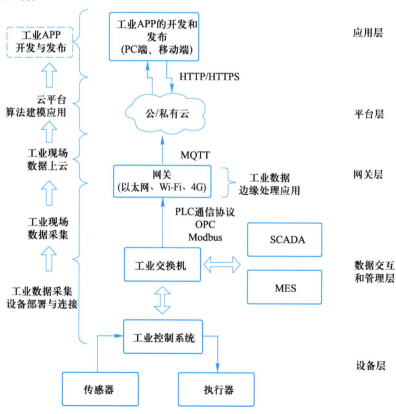

图 5-1 工业互联网实施与运维过程

　　根据项目总体需求与前述项目的实施，需要在工业 APP 中实时展示环境温湿度、设备综合效率。其中，温度、湿度可直接使用工业数据（在项目 2 中上传至云端），设备综合效率则是经过计算获得（在项目 3 中通过云平台算法建模工具计算）。

　　以上可以通过工业 APP 的开发、发布两大步骤实现。

【知识图谱】

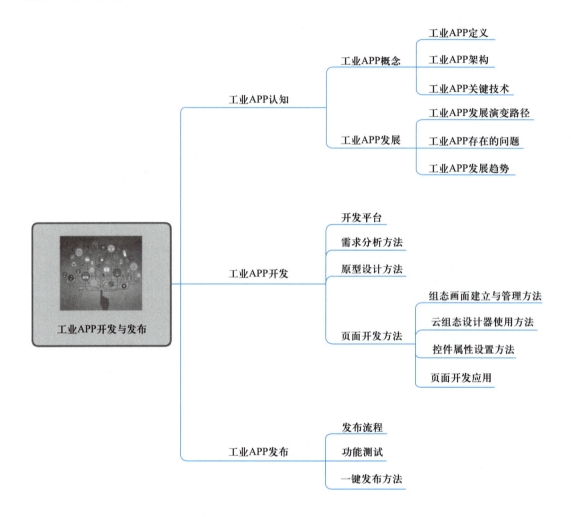

任务 5.1　工业 APP 认知

【任务描述】

　　对大多数读者来说，工业 APP 是个相对陌生的概念。

工业 APP 是什么？有哪些典型特征？通常遵循什么样的架构？具备哪些关键技术？工业 APP 的发展现状如何？以后发展趋势怎么样？面临怎样的机遇与挑战？

以上这些问题，都将在本任务中得到解答。

【知识学习】

微课 5-1
工业 APP 概念

5.1.1　工业 APP 概念

1. 工业 APP 定义

APP 最初是指任何移动或桌面设备的应用程序，随着工业与互联网的紧密联系与发展，工业互联网 APP（以下简称"工业 APP"）应运而生。它是基于工业互联网，承载工业知识和经验，满足特定需求的工业应用软件，是工业技术软件化的重要成果。

工业 APP 是面向工业产品全生命周期相关业务（设计、生产、试验、使用、保障、交易、服务等）的场景需求，把工业产品及相关技术过程中的知识、最佳实践及技术诀窍封装成应用软件。其本质是企业知识和技术诀窍的模型化、模块化、标准化和软件化，能够有效促进知识的显性化、公有化、组织化、系统化，极大地便利了知识的应用和复用。

相对于传统工业软件，工业 APP 具有轻量化、定制化、专用化、灵活和复用的特点。用户复用工业 APP 而被快速赋能，机器复用工业 APP 而快速优化，工业企业复用工业 APP 实现对制造资源的优化配置，从而创造和保持竞争优势。

工业 APP 作为一种新型的工业应用程序，一般具有以下 6 个典型特征。

（1）完整地表达一个或多个特定功能，解决特定问题

每一个工业 APP 都是可以完整地表达一个或多个特定功能，解决特定具体问题的工业应用程序。

（2）特定工业技术的载体

工业 APP 中封装了解决特定问题的流程、逻辑、数据与数据流、经验、算法、知识等工业技术，每一个工业 APP 都是一些特定工业技术的集合与载体。

（3）小轻灵，可组合，可重用

工业 APP 目标单一，只解决特定的问题，不需要考虑功能普适性，相互之间耦合度低。因此，工业 APP 一般小巧灵活，不同的工业 APP 可以通过一定的逻辑与交互进行组合，以解决更复杂的问题。工业 APP 集合与固化了解决特定问题的工业技术，因此，工业 APP 可以重复应用到不同的场景，解决相同的问题。

（4）结构化和形式化

工业 APP 是将流程与方法、数据与信息、经验与知识等工业技术进行结构化整理和抽象提炼后的一种显性表达，一般以图形化方式定义这些工业技术及其相互之间的关系，并提供图形化人机交互界面，以及可视的输入输出。

（5）轻代码化

工业 APP 的开发主体是具备各类工业知识的开发人员。工业 APP 具备轻代码化的特征，以便于开发人员可以快速、简单、方便地将工业技术知识进行沉淀与积累。

（6）平台化，可移植

工业 APP 集合与固化了解决特定问题的工业技术，因此，工业 APP 可以在工业互联网平台中不依赖于特定的环境运行。

2. 工业 APP 架构

工业 APP 体系庞大，涉及的工业技术很多。不同行业、不同产品生命周期的工业技术，不同企业管理模式、质量管理手段和用户需求等，造成工业 APP 差异较大。所以工业 APP 体系中 APP 个性化强，对象众多，关系非常复杂。

当前尚没有工业技术体系标准，也没有工业 APP 参考体系架构。本书参考《工业互联网 APP 发展白皮书》给出的工业 APP 体系框架进行介绍。根据这些框架可以有层次、有联系地认识各种工业 APP，从而更加有目的地开展工业 APP 规划、开发与应用，如图 5-2 所示。

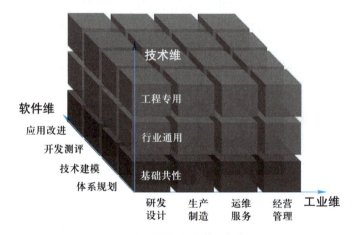

图 5-2   工业 APP 体系框架

工业 APP 体系框架是一个三维体系，包含了工业维、技术维和软件维 3 个维度。3 个维度彼此呼应，和谐地构成和体现了“工业·技术·软件（化）”的工作主旨。

（1）工业维度

一般工业产品及相关生产设施从提出需求到交付使用，具有较为完整的工业生命周期。该维度涉及研发设计、生产制造、运维服务和经营管理四大类工业活动，在每一个工业活动中，都可以细分为若干小类的活动，都可以开发、应用不同技术层次的工业 APP。

按照工业生命周期进行 APP 的划分是一种最为常见的划分方式。一般工业产品及相关生产设施的通用生命周期包括设计、生产、运行、退役几个过程，其中运行和保障过程一般是同步进行的。很多产品退役的过程较短，常常可以忽略。因此按工业维度上的生命周期，将工业活动分为研发设计、生产制造、运维服务和经营管理四大类，如图 5-3 所示，每一类活动都需要与之对应的不同的工业 APP。

图 5-3　工业 APP 架构-工业维度

① 研发设计 APP：研发设计主要用于创造新的产品或产品制造工艺，所以研发设计 APP 是主要用于提升研发设计效率的应用软件。从广义上看，研发设计 APP 包括产品设计 APP、工艺设计 APP、运营服务设计 APP、经营管理设计 APP 和制造系统设计 APP；从狭义上看，研发设计 APP 主要指研发 APP、产品设计 APP、仿真 APP、工艺设计 APP 等。

② 生产制造 APP：是用于生产相关过程的应用软件，也具有多种含义。从广义上看，生产制造 APP 包括生产工艺设计、生产过程管控、车间和生产线设计与管理、生产设备和生产工具的设计与运行维护管理、产品质量检测和生产相关仓储与物流管理等各种工业 APP；从狭义上看，生产制造 APP 主要是以生产过程管控为主，也包含生产系统管理与产品质量检测。

③ 运维服务 APP：是用于产品运行和对外服务过程的应用软件。运维服务 APP 主要包含两个方面，其一是辅助产品对外提供服务的相关工业 APP，如智能冰箱相关食物冷藏管理 APP 主要是为了保证食物冷藏更好的品质；其二是为产品提供维护保障的相关工业 APP，如风力发电机的健康监控 APP 主要用于保障发电机处于健康运行状态，并实现预防性维修。前一种工业 APP 常常也被视为产品设计的一部分，后一种工业 APP 则是当前运维服务 APP 领域热门发展方向，包括远程监控、故障检测、预警分析、备件管理和能效优化等。

④ 经营管理 APP：用于企业产品制造、营销和内部管理等各种活动，可以提高制造企业经营管理能力和资源配置效率。由于经营管理覆盖范围非常广泛，除了与工业产品制造相关的一些管理活动之外，还有一般企业通用的经营活动，所以此处经营管理 APP 重点关注前一种活动，如企业决策支持、产品质量管理、制造风险管控、产业链协同和供应链管理等。管理与管理对象需要紧密结合，所以经营管理 APP 需要与全生命周期研发设

计 APP、生产制造 APP、运维服务 APP 之间开展统筹规划、合理选配、协调设计与协同应用，才可以避免形成管理和执行两层皮。

（2）技术维度

开发各类工业产品需要不同层次的工业技术。如图 5-4 所示，根据工业产品体系的层次关系，并映射形成工业 APP 的三大层级结构，即由机械、电子、光学等原理性基础工业技术形成的基础共性 APP；由航空、航天、汽车和家电等行业通用工业技术形成的行业通用 APP；由企业和科研院所产品型号、具体产品等特有的工业技术形成的工程专用 APP。

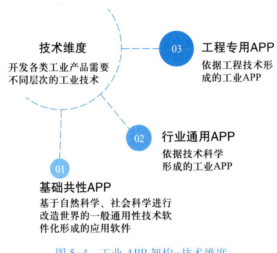

图 5-4   工业 APP 架构-技术维度

由于基础技术是行业技术和产品技术的源头，所以基础共性 APP 在工业领域发挥着基础作用，适用范围最广；由于行业通用技术在各行业中可以广为应用，所以高质量行业通用 APP 可以大大促进行业的进步，造成行业通用 APP 总体市场非常庞大；由于专业技术是各企业核心竞争力所在，在特定领域价值更高，造成开发工程专用 APP 的收益最高，并且成为企业在全球化竞争中取得胜利的关键。

① 基础共性 APP：常常是基于自然科学、社会科学进行改造世界的一般通用性技术软件化形成的应用软件。这些工业技术一般不形成特定的工业产品，但是却常常通用于多种工业产品的研发、生产和保障等过程之中。例如，摩擦轮传动、带传动、链传动、螺旋传动和齿轮传动等各种机械传动技术，依据的是多种自然科学知识。它们可以使用在大量的工业产品之中，是一种典型的技术科学。依据这些传动技术，可以形成摩擦轮传动 APP、带传动 APP、链传动 APP、螺旋传动 APP 和齿轮传动 APP 等各种机械传动 APP。

《学科分类与代码》（GB/T 13745—2009）中描述了部分技术科学，常见的技术科学包括测绘科学技术、材料科学、矿山工程技术、冶金工程技术、机械工程、动力与电气工程、能源科学技术、核科学技术、电子通信与自动控制技术、计算机科学技术、化学工程、纺织科学技术、食品科学技术、土木建筑工程、水利工程、交通运输工程、航空航天科学技术、环境科学技术和安全科学技术等。这些技术科学都可以发展相应的基础共性 APP。

② 行业通用 APP：是依据技术科学形成的工业 APP。行业通用 APP 按照不同的顶层行业进行划分，包含冶金 APP、非金属产品 APP、机械 APP 和交通工具 APP 等。顶层行业较粗的，可以根据子行业进行细分，如交通 APP 分为航空 APP、航天 APP、铁路 APP、汽车 APP 和船舶 APP 等，并进一步细分为飞机 APP、航空发动机 APP、卫星 APP、火箭 APP、高铁 APP 和舰船 APP 等。

在国家统计局的官方网站中，工业指"从事自然资源的开采，对采掘品和农产品进行加工和再加工的物质生产部门"。具体包括：

- 对自然资源的开采，如采矿、晒盐等（但不包括禽兽捕猎和水产捕捞）。
- 对农副产品的加工、再加工，如粮油加工、食品加工、缫丝、纺织、制革等。
- 对采掘品的加工、再加工，如炼铁、炼钢、化工生产、石油加工、机器制造、木材加工等，以及电力、燃气及水的生产和供应等。
- 对工业品的修理、翻新，如机器设备的修理等。

《国民经济行业分类》（GB/T 4754—2017）对国家经济行业进行了细致的划分，是行业通用 APP 划分的重要依据。《全国主要产品分类与代码》（GB/T 7635—2002）是与上述标准匹配的产品目录，包含了大量的工业产品，可以作为行业通用 APP 的主要分类依据。此外，工业还包含国防科技工业，所以行业通用 APP 还包含各种武器装备和国防产品的研制 APP。

不同行业均需要不同的行业通用 APP，所以行业通用 APP 的数量非常庞大。

③ 工程专用 APP：是依据工程技术形成的工业 APP，它是面向特定场景，针对特定产品线、产品型号甚至单个产品的应用软件。根据特定对象所具有的工业技术的不同，工程专用 APP 各不相同。

一般而言，针对产品线、产品型号的工程专用 APP 较多，针对单个产品的工程专用 APP 较少。如飞机型号研制一般跨越几年到十几年的时间，而每一种型号服役时间也长达几十年，所以研制某种飞机型号专用的工业 APP 就显得非常必要。对于一些特定型号的机床、风力发电机、高铁轮毂等，都可以由相关企业开发相应的专用 APP。此外，对于一个海上石油钻井平台而言，具有个性化的产品结构和独特的外部环境，所以可以开发产品专用的工业 APP。

（3）软件维度

按照工业技术转换为工业 APP 的开发过程以及参考软件生命周期，该维度分为体系规划、技术建模、开发测评和应用改进四大阶段，每个阶段又可以细分为更具体的软件活动。

软件维度描述了工业技术软件化的软件演进过程。围绕工业产品研发制造和运行过程，一般都具有一个庞大的工业技术体系，所以工业 APP 的开发首先需要进行相应的体系规划，然后有序地按照目标方向进行知识梳理和软件化。由于工业技术是人脑基于自然规律并根据工业产品需求形成的一种改变世界的知识，所以工业技术最初产生于人脑中。因此，工业技术首先要把人脑中的隐性知识变成显性知识，然后再形成工业 APP。在形成工业 APP 之后，还需要根据工业技术体系的发展进行及时改进，从而不断地满足工业发展需求。

综上，工业技术软件化的生命周期过程包括工业 APP 体系规划、技术建模、开发测评和应用改进 4 个过程，如图 5-5 所示。

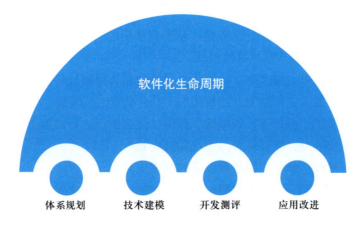

图 5-5 工业技术软件化的生命周期

① 体系规划：按照行业、企业或组织等的战略目标及相关运营规划，建立相应的工业技术发展规划，并形成工业 APP 体系规划。

按照一般工业 APP 体系内容，需要围绕企业的产品线，建立产品线 APP 体系；围绕产品的制造和运行，建立产品设计 APP、生产 APP、保障 APP 和退出 APP 体系；围绕系统工程过程，建立需求 APP、执行 APP 和验证 APP；围绕质量过程建立质量相关 APP；围绕管控模式，建立管理 APP 和工作执行 APP 体系。

② 技术建模：工业技术常常以技术文献、档案、数据库、软件系统、电子文档和专家经验等方式散布在企业内部各个位置，并且各种工业技术呈现不完整、不深入、重复冗长、新旧混杂、不成体系等各种情况，难以有效实施知识管理，所以需要对已有工业技术按照工业技术体系和工业 APP 体系需求进行梳理。

技术建模需要对一般工业技术进行抽象，使一般性知识形成更为通用的知识，并形成模型。由于很多工程技术必须依赖技术科学和基础科学，所以工程专用 APP 需要依赖行业通用 APP、基础共性 APP 乃至通用工业软件，随即必须与相关软件的格式、规范和协议等进行匹配，如遵循三维建模 CAD 的图形规范。对于仅包含工业产品相关技术模型，可以自定义格式。如果具有相关国际、国家、行业、上下游企业标准或企业内部标准等，则应该按照相应标准进行建模。

③ 开发测评：在已梳理的工业知识的基础上，综合考虑成本、效率和工业 APP 集成应用等因素，开展工业 APP 开发工作。在技术模型的基础上，可以按照一般软件工程过

程进行设计、开发和测试，形成相应的数据库、应用模块和交互界面。

在工业 APP 开发完成之后还需要进入工业 APP 应用评估环境，基于社会化评估的方式，评估工业 APP 在工业场景中的应用效能，以及是否能够在功能和效果上有效解决工业特定环节的问题。

质量形成于过程，软件开发的经典模型——W 模型指出软件测试与开发之间存在并行关系，软件测试应该贯穿整个工业 APP 开发过程才能保障工业 APP 质量。工业 APP 的开发过程需要进行严格的质量管理和控制工作。

④ 应用改进：工业 APP 必须进行演进。一方面从软件工程学的角度来看，没有绝对完善的软件，针对不断变化的客户需求和工业应用场景，需要对工业 APP 持续进行改进性设计或性能优化；另一方面，也是更为重要的一方面，则是工业技术本身是变化的，随着产品运行环境和制造条件等相关因素的变化，需要对已有工业技术进行修改或进化，由此需要改进工业 APP。

3. 工业 APP 关键技术

工业 APP 关键技术主要有建模技术、封装技术、数据管理和技术对象集成，如图 5-6 所示。

（1）工业 APP 建模技术

工业 APP 建模环境是开发平台的核心模块，负责工业 APP 的流程和数据建模。工业 APP 建模环境一般通过图形化封装界面，以拖拉拽等方式，方便工程师按照工业场景内各种工业要素的相互关系，将其背后的工业技术转化形成应用软件背后的程序逻辑和数据对象，同时构建工业 APP 应用过程中的交互界面，并建立当前工业 APP 对外的开放接口。除此之外，建模环境一般也提供便捷的代码封装方式，将一些复杂的逻辑关系以代码编程的方式融入图形化封装的软件模块中。

图 5-6 工业 APP 关键技术

复杂的工业技术内部包含大量更为具体的工业技术或科学知识，这些技术方法常常可以通过技术流程有序组成完整的工业技术。在工业产品制造和运行过程中，通过驱动各种工业技术涉及的技术流程，从而有序地调用具体技术和方法，进而达到支撑设计、试验、生产和保障等各种目标。在面向技术流程形成工业 APP 的过程中，需要建立各种方法之间的关联，这个过程就是技术流程建模，建模的结果是流程模板。技术流程建模需要处理技术流程中不同技术方法之间的数据串行、并行等形式，同时也需要根据不同技术流程的使用方式实现连续驱动或断点驱动。

（2）工业 APP 封装技术

技术方法是工业技术的构成要素，是被技术流程串接的基本单元。技术方法同样也是一项工业技术，根据其内部复杂性不同，可以继续进行细分，理论上任何工业技术可以细分到各种技术规则或基础科学领域。为了充分利用其他已有工业软件，特别是成熟、广泛应用的通用工业软件，可以将面向特定领域的工业技术细分到可以采用其他工业软件（或其中一部分，如解算器）为止。此时，可以采用软件化方法将细分后的方法和相关工业软件进行封装，从而形成新的工业 APP。在封装过程中，如果这些方法与工业 APP 之间关系非常紧密，具有高度内聚性，则可以采用代码、脚本等方式封装；如果较为简单，则可以采用技术流程封装。

（3）工业 APP 数据管理

各种工业技术的输入和输出都包含大量的技术数据，所以工业 APP 开发平台需要对技术数据进行统一管理，并可以被流程模板和方法模块调用。技术数据管理需要按照工业技术的特点，首先对数据进行建模，并组织各种数据模型之间的相互关系。其次，很多工业技术需要依赖各种材料数据库、型号数据库、零部件数据库等，因此需要建立相应的基础数据库。最后，在工业 APP 运行过程中，流程模板和方法模块都会产生大量新的数据，这些数据需要按需进行管理。

（4）技术对象集成

工业技术的运行具有大量的使用环境，包括其他的工业软件、工业硬件以及相关具有数据交互功能的其他对象。在技术方法封装过程中，需要与这些对象开展集成。技术对象集成一般采用适配器的方式完成。适配器具有两个方向的接口，一个接口面向技术对象，可以基于个性化的数据交换规范实现集成；另一个接口面向平台，可以采用规范性的数据模型进行表达和通信，从而针对同类技术对象采用相同或类似的数据交换规范，进而使平台上运行的各种工业 APP 无须了解不同技术对象的个性化集成规范要求。常见的技术对象集成是发生在封装过程中，如果已有相应国内外标准参考，应尽量基于标准开发适配器；如果没有，则常常需要针对不同厂商开发的工业软件或硬件研制相应的适配器。

5.1.2　工业 APP 发展

微课 5-2
工业 APP 发展

1. 工业 APP 发展演变路径

工业 APP 的发展过程，主要是工业技术软件化的结果，其发展演变路径是：工业技术与知识→工业软件→工业 APP（个体自有、企业自有）→工业互联网 APP（商用公有）。

关于工业软件与工业 APP、工业互联网 APP 的特点比较，见表 5-1。

说明

  ISA 95 是企业系统与控制系统集成国际标准，由仪表、系统和自动化协会（ISA）在 1995 年投票通过。而 95 代表的是 ISA 的第 95 个标准项目。

表 5-1　工业软件与工业 APP、工业互联网 APP 对比

区　别	工 业 软 件	工 业 APP	工业互联网 APP
部署方式	本地部署	本地局域网部署	云端部署
系统层级	ISA95，五层架构	ISA95，五层架构	扁平化
软件架构	紧耦合单体架构	松耦合多体化架构	微服务架构
开发定位	面向流程或服务的软件系统	面向过程或对象的应用软件	面向角色的 APP
开发方式	基于单一系统开发	基于单一系统开发并兼容多系统	基于 PaaS 平台多语言开发
开发主体	软件企业为主	制造企业为主	各类相关组织与个体的海量开发者为主
系统集成颗粒度	大系统与小系统	小系统与小系统	微系统与微系统
系统集成技术路线	通过专用接口或中间件集成	通过中间件集成	基于 API 调用
系统集成程度	大系统高度集成	小系统局部集成	全局集成

工业 APP 的形式根据其发展历程和分享范围可以分为个体自有模式、企业自有模式、商用公有模式 3 种模式，如图 5-7 所示。

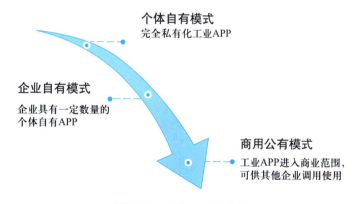

图 5-7　工业 APP 的形式

（1）个体自有模式

个体自有模式是一种完全私有化的工业 APP，即该 APP 仅供个人或少数人群在单台计算机或平板设备上小范围使用，通常没有进入企业局域网。这是工业技术软件化早期的结果形式之一，即软件开发者将某些特定的工业技术或诀窍类知识进行显性化与积累之后，出于有利于本人或小团队知识复用的目的开发而成，但往往不对外开放。当前，工业互联网平台发展迅速，有些平台也能提供工业 APP 的开发共享环境，个体可以在这种开发共享环境下开发自有的工业 APP。

（2）企业自有模式

企业自有模式是指当企业具有了一定数量的个体自有 APP，同时解决了软件所属权和利益分配问题之后，仅在企业内部局域网中部署、使用的工业 APP，通常也称企业自用软件。作为企业的重要的知识资产，以及出于竞争的考虑，企业对该类自用工业 APP 有着极其严格的管理与控制，仅供企业内部用户使用。根据业务性质的不同，数据敏感的、核心业务的 APP 会部署在企业内网或私有云上，而需要外部引用的、创新的业务会部署到企业外部网络或某个工业互联网平台上供企业自己使用。该工业 APP 形式是工业技术软件化进入规模化发展的主流结果形式，未来多数的工业 APP 将以此类形式出现。

（3）商用公有模式

商用公有模式是用于工业互联网平台的工业 APP，是进入了商业范围、可以开放给所有工业互联网上用户使用的工业 APP，可以视为工业 APP 发展的高级阶段，即基于生态、真正的工业互联网 APP。

商用公有模式和企业自有模式的区别是，它是某些企业发布的，可供其他企业调用使用，可以是收费或免费模式。工业互联网 APP 主要来源于工业软件的解构与重构以及工业技术软件化所形成的微服务。加强微服务的开发，建设庞大的微服务池，将会极大地促进工业 APP 增长。

商用公有工业 APP 数量和种类的多寡，决定着工业 APP 生态的成熟与否，是工业互联网真正在企业得到广泛而深入应用的重要判断标准。在工业 APP 发展初期，该类工业 APP 的数量可能会比较少。

2. 工业 APP 存在的问题

工业 APP 存在的问题如图 5-8 所示。

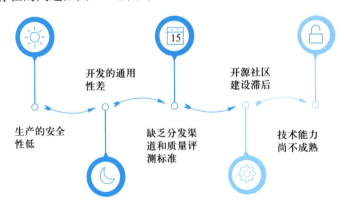

图 5-8   工业 APP 存在的问题

（1）生产的安全性低

各工业互联网平台缺乏安全性设计规范和异常处理保障。工业互联网 APP 用于工业生产环境，执行错误的后果不仅仅是数据错误而且有可能导致不可估量的灾难。国内外因为软件的功能安全不足而造成重大财产损失、人员伤亡的实例屡见不鲜。

（2）开发的通用性差

当前工业微服务架构和传统开发模式共存，工业互联网 APP 的开发并没有统一的平台、框架和标准，现有的工业互联网 APP 都是基于各家工业互联网平台的服务和接口，并缺乏通用性。因此工业互联网 APP 的可移植性比较差，代码的可复用性低。

（3）缺乏分发渠道和质量评测标准

缺少统一的分发渠道，工业互联网 APP 的发布仅限于封闭环境中的内部使用，限制了其在更大范围内的使用；同时由于缺少对工业互联网 APP 的质量评价标准，因此其质量评测缺乏依据。不同行业有不同的标准，对工业互联网 APP 的评价又依赖于底层的工业微服务的能力，因此需要对工业互联网 APP 进行行业划分，不同行业制定不同的评价标准。

（4）开源社区建设滞后

当今时代，软件开源已成为大势所趋，开源社区在推动软件发展中起到了不可替代的作用。掌控开源生态，将成为全球工业 APP 产业的焦点。GE、西门子、PTC 等领先工业互联网平台企业均已建立开源社区，平台拥有上万名开发者。在我国，工业 APP 开源社区建设尚处于空白，开发者规模和能力与国外相比差距显著，严重制约了工业 APP 的发展，工业 APP 开发能力急需提升。

（5）技术能力尚不成熟

工业 APP 的应用开发技术涉及范围广。首先，工业 APP 的开发涉及 IT、OT 和 CT（Communication Technology，通信技术）等领域。具体来说，IT 软件商和互联网平台为工业 APP 提供计算力；IT 硬件及服务商通过工业 APP 实现工业设备连接管理及应用服务；OT 领域提供工业技术、知识和经验；CT 提供通信能力。其次，工业 APP 的开发需要与工业平台、操作系统等进行合作。工业 APP 通过原生平台或系统连接到工业现场实现数据汇聚，并获取更多构建应用和解决方案的机会。目前我国工业 APP 缺少统一的开发和测试的方法、标准与规范等，工业 APP 开发缺乏成熟的可大范围推广的工程化路径。技术和产业支撑能力不足，工业 APP 质量和安全保障技术能力有待加强，面向工业 APP 可用性、可靠性、安全性等的测试评估、分析处置服务能力较弱。

3. 工业 APP 发展趋势

工业 APP 仍处于探索与起步阶段，尚未形成成熟的模式和统一的体系。如图 5-9 所示，截止到 2017 年，工业 APP 刚刚走过萌芽阶段。航空、航天、船舶、兵器、电子和汽车等多个高端制造行业开展了大量试点，并形成了众多企业通用 APP 和专用 APP。在此期间，工业 APP 的开发逐步从早期的基于代码的开发模式转为基于平台的开发模式。

预计到 2025 年，基础工业 APP 大量开发完成，基本完全覆盖了工业各个基础行业。与此同时，随着通用工业 APP 开发企业和开发者的涌入，历史积累的大量国内外工业技术快速转化形成工业 APP，促使通用工业 APP 规模迅猛发展，成为工业 APP 的主要组成部分。届时，工业 APP 规模预计达到百万水平。

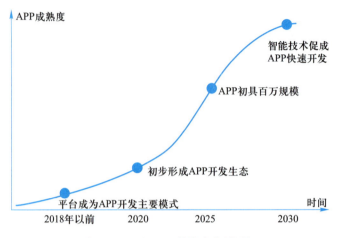

图 5-9　工业 APP 的未来发展展望

预计到 2030 年，智能技术促成工业 APP 快速开发。随着神经网络、深度学习等人工智能技术的发展，人工智能技术从当前简单的生产过程管控等应用，转为对工业复杂系统的大规模、网络化和动态性的建模、仿真、优化与控制。工业 APP 开发和应用过程都将被人工智能技术覆盖，从而使工业 APP 在工业内无处不在。

根据目前工业 APP 发展基础、发展主体和发展模式来看，工业 APP 发展将呈现如图 5-10 所示 4 点趋势。

图 5-10　工业 APP 发展趋势

（1）线下定制开发模式转向线上"平台+软件"模式

随着工业互联网平台、软件开发平台以及智能制造云服务平台正在不断推广，软件产品开发模式也将由线下定制向"平台+软件"的线上模式转变。

（2）海量的第三方开发者将成为工业 APP 发展的主要推动力

软件开发平台和工业互联网平台微服务框架推广应用，大大降低了工业 APP 开发的难度和门槛，大量的开发者都可以参与到工业 APP 的开发中，软件开发者将不再局限于平台的运营者和平台客户，有限、封闭的软件开发方式将向海量的、开放的第三方开发方式过渡。

（3）软件化能力强的制造业企业将成为工业 APP 培育的一大主体

制造业企业的信息化意识越来越强，智能制造的理念不断深入，制造业企业开始利用深厚的制造知识沉淀，逐渐培育信息化团队、规划软件研发能力，有计划地自主开发工业互联网 APP，将自身的制造经验、技术和知识采用软件的形式作用于工业过程，从而将成为工业互联网 APP 培育中的骨干和先锋。

（4）工业 APP 与大数据紧密结合

随着工业大数据的积累以及对工业大数据的挖掘，未来的工业互联网 APP 必然会跟大数据紧密结合，自适应地进行自优化，提高工业生产的效率。随着人工智能的发展，针对不同工业生产的工业行为会更好地被机器理解并且学习，封装成工业微内核服务，使工业 APP 具备一定的人工智能，实现真正的智能化生产。

尽管传统架构的工业软件将会逐渐转化成工业 APP，但是工业技术软件化是一项非常艰苦、细致和长期的工作，工业知识的收集、梳理、管理与复用往往是一个与企业当前重点工作发生时间冲突和价值冲突的任务；传统架构的工业软件不断解构和重构，向工业 APP 过渡，也是一个漫长的发展历程。因此，无论是借由工业技术软件化，或者借由传统工业软件转型变身，都不可能突飞猛进，一蹴而就。传统架构的工业软件与基于工业互联网架构的工业 APP 长期共存，将是未来很长一段时间的常态。

【任务回顾】

【知识点总结】

1. 工业 APP 是工业互联网 APP 的简称，是基于工业互联网，承载工业知识和经验，满足特定需求的工业应用软件，是工业技术软件化的重要成果。

2. 工业 APP 体系框架是一个三维体系，包含了工业维、技术维和软件维 3 个维度。

3. 工业 APP 的发展演变路径是：工业技术与知识→工业软件→工业 APP（个体自有、企业自有）→工业互联网 APP（商用公有）。

4. 工业 APP 仍处于探索与起步阶段，存在着生产安全性低、开发通用性差、缺乏分发渠道和质量评测标准、开源社区建设滞后、技术能力尚不成熟等问题。

【思考与练习】

1. 试列举工业 APP 的典型特征。

2. 工业 APP 的体系框架是怎样的？

任务 5.2　工业 APP 开发

【任务描述】

实施工业 APP 的开发，通过需求分析、原型设计、页面开发等步骤实现。

开发平台遵循什么样的架构？具有什么样的功能？使用中有什么特点？

需求分析包含哪些内容？通常分为哪些步骤？可以使用什么方法？

原型设计工具如何选择？怎么开展实施？

页面开发使用什么工具？具体如何实施？

以上这些问题，都将在本任务中得到解答。

【知识学习】

5.2.1　开发平台

工业互联网综合实训平台以汽车装配的模拟产线为教学案例，通过工业互联网系统平台实现工业现场数据采集、数据监控管理、数据上云、算法建模、边缘计算以及工业 APP 的开发与发布。

硬件平台可模拟汽车生产线装配环境，完成原材料出库、车身模拟加工、整车装配、组装检测、成品入库等工艺过程，为工业互联网实施与运维提供数据支撑。工业互联网综合实训平台如图 5-11 所示。

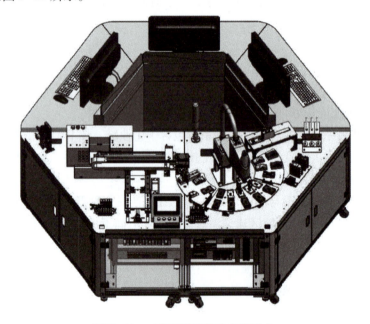

图 5-11　工业互联网综合实训平台

软件平台以汉云工业互联网平台-设备画像 APP 为例。

（1）设备画像简介

如图 5-12 所示，设备画像工业 APP 基于汉云工业互联网平台，是一个轻量化、方便快捷的设备云端监控管理及数据分析软件，帮助用户实现快速设备上云，提高设备利用率，减少设备异常损失，优化生产过程及售后服务效率。设备画像是一个智能硬件自助开发（PaaS）及云服务（SaaS）平台，在 PaaS 层为用户提供数据采集开发工具、设备管理等服务，在 SaaS 层为行业提供应用支持、数据挖掘等服务，并通过产业深耕和上下游资源整合，形成完整的工业物联网开发服务生态。

图 5-12　设备画像-组态画面

（2）系统架构

设备画像平台的系统架构如图 5-13 所示。

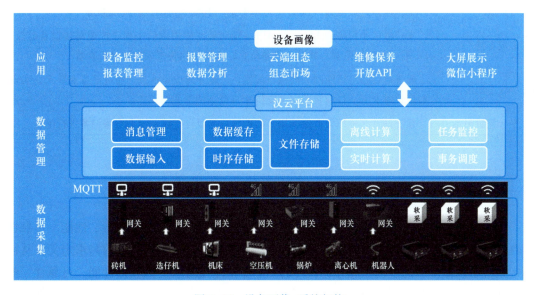

图 5-13　设备画像-系统架构

（3）功能简介

设备监控：对设备的关键数据进行实时的监测、预测和评估，以防止设备因故障而失效，实现设备高质量运行，安全"零故障"。用户随时随地直观、快速了解现场车间所有设备的运行状态、加工参数信息以及设备能耗数据等。

数据分析：全方位分析设备工作负载以及健康程度，为企业提供全面、精准、多维度的数据分析报告。

云端组态：根据实际业务需求绘制监控画面，以最直观的方式展现，无须安装单独的绘图软件，直接在浏览器端即可完成整个绘制工作。

移动 APP：客户通过微信小程序即可完成设备数据监控，使用方便灵活。

智慧运维：为系统制定设备的维修、保养计划，并且根据任务的不同，系统自动分配任务给相关的负责人，使得整个维护过程变得规范化、自动化以及可追溯。

（4）系统特点

见表 5-2

表 5-2　设备画像-系统特点

优　　势	描　　述
快速接入	客户只需提供设备采点地址，即可快速完成设备上云
低成本	采用云平台集中化管理，对外提供 SaaS 租户服务，每个客户端的摊销成本低，访问方式多样（微信小程序及 PC 端）
快部署、轻实施	兼容各种开发环境，摆脱传统工业软件约束，采用微服务开发，采用容器技术，方便快速部署和实施
可集成	平台接口开放度高（提供开放 API），与其他系统的接口灵活兼容
多端支持	支持微信小程序，无须安装 APP，随时随地使用微信小程序快速对接设备监控；PC 端可通过浏览器方式接入设备信息，并进行相关报表统计分析查看
协议适配度高	通过对设备与智能网关的接口配置，快速完成设备连接，通过信息点导入，实现数据快速上云。目前智能网关支持 95% 以上的工业协议
平台配置灵活	系统设置多种模板方便调用，后期用户可以自行在系统上增添设备进行配置

5.2.2　需求分析

需求分析是通过深入细致地调研和分析，准确理解用户和系统的功能、性能、可靠性等具体要求，对用户非形式的需求表述进行分析与整理，并转化为完整的需求定义，从而确定系统必须做什么的过程。此外，软件的一些非功能性需求（如软件性能、可靠性、响应时间、可扩展性等），软件设计的约束条件，运行时与其他软件的关系等也是软件需求分析的目标。

1. 需求分析内容

需求分析的内容是针对待开发软件提供完整、清晰、具体的要求，确定软件必须实现哪些任务。具体分为功能性需求、非功能性需求与设计约束 3 个方面，如图 5-14 所示。

图 5-14   需求分析内容

（1）功能性需求

功能性需求即软件必须完成哪些事，必须实现哪些功能，以及为了向其用户提供有用的功能所需执行哪些动作。功能性需求是软件需求的主体。开发人员需要亲自与用户进行交流，核实用户需求，从软件帮助用户完成事务的角度上充分描述外部行为，形成软件需求规格说明书。

（2）非功能性需求

作为对功能性需求的补充，软件需求分析的内容中还应该包括一些非功能需求，主要包括软件使用时对性能方面的要求、运行环境要求，以及软件设计必须遵循的相关标准、规范、用户界面设计的具体细节、未来可能的扩充方案等。

（3）设计约束

一般也称做设计限制条件，通常是对一些设计或实现方案的约束说明。例如，要求待开发软件必须使用 Oracle 数据库系统完成数据管理功能，运行时必须基于 Linux 环境等。

2. 需求分析过程

需求分析阶段的工作，可以分为问题识别、分析与综合、制定规格说明、评审 4 个方面，如图 5-15 所示。

（1）问题识别

就是从系统角度来理解软件，确定对所开发系统的综合要求，并提出这些需求的实现

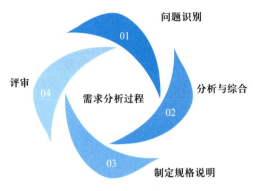

图 5-15　需求分析过程

条件，以及需求应该达到的标准。这些需求包括功能需求、性能需求、环境需求、可靠性需求、安全保密需求、用户界面需求、资源使用需求、软件成本消耗与开发进度需求、预先估计以后系统可能达到的目标。

（2）分析与综合

逐步细化所有的软件功能，找出系统各元素间的联系、接口特性和设计上的限制，分析它们是否满足需求，剔除不合理部分，增加需要部分。最后综合成系统的解决方案，给出要开发的系统的详细逻辑模型。

（3）制定规格说明书

制定规格说明书即编制文档，描述需求的文档称为软件需求规格说明书。请注意，需求分析阶段的成果是需求规格说明书，向下一阶段提交。

（4）评审

对功能的正确性、完整性和清晰性，以及其他需求给予评价。评审通过才可进行下一阶段的工作，否则要重新进行需求分析。

3. 需求分析方法

从系统分析出发，可将需求分析方法大致分为功能分解方法、结构化分析方法、信息建模方法和面向对象的分析方法，如图 5-16 所示。

（1）功能分解方法

将新系统作为多功能模块的组合，各功能可分解为若干子功能及接口，子功能再继续分解，便可得到系统的雏形，即功能分解—功能、子功能、功能接口。

（2）结构化分析方法

结构化分析方法是一种从问题空间到某种表示的映射方法，是结构化方法中重要且被普遍接受的表示系统，由数据流图和数据词典构成并表示。此分析法又称为数据流法。其基本策略是跟踪数据流，即研究问题域中数据流动方式及在各个环节上所进行的处理，从而发现数据流和加工模式。结构化分析可定义为数据流、数据处理或加工、数据存储、端点、处理说明和数据字典。

图 5-16　需求分析方法

（3）信息建模方法

它是指从数据角度对现实世界建立模型。大型软件较复杂，很难直接对其分析和设计，常借助模型。模型是开发中常用工具，系统包括数据处理、事务管理和决策支持。实质上，也可看成由一系列有序模型构成，其有序模型通常为功能模型、信息模型、数据模型、控制模型和决策模型。有序是指这些模型是分别在系统的不同开发阶段及开发层次一同建立的。建立系统常用的基本工具是 E-R 图（Entity Relationship Diagram，也称"实体—联系图"）。经过改进后称为信息建模法，后来又发展为语义数据建模方法，并引入了许多面向对象的特点。

信息建模可定义为实体或对象、属性、关系、父类型/子类型和关联对象。此方法的核心概念是实体和关系，基本工具是 E-R 图，其基本要素由实体、属性和联系构成。该方法的基本策略是从现实中找出实体，然后再用属性进行描述。

（4）面向对象的分析方法

面向对象的分析方法的关键是识别问题域内的对象，分析它们之间的关系，并建立三类模型，即对象模型、动态模型和功能模型。面向对象主要考虑类或对象、结构与连接、继承和封装、消息通信，只表示面向对象的分析中几项最重要特征。类的对象是对问题域中事物的完整映射，包括事物的数据特征（即属性）和行为特征（即服务）。

4. 需求分析特点

需求分析的特点及难点，主要体现在以下几个方面，如图 5-17 所示。

（1）确定问题难

主要原因：一是应用领域的复杂性及业务变化，难以具体确定；二是用户需求所涉及的多因素引起的，如运行环境和系统功能、性能、可靠性和接口等。

（2）需求时常变化

软件的需求在整个软件生存周期常会随着时间和业务而有所变化。有的用户需求经常

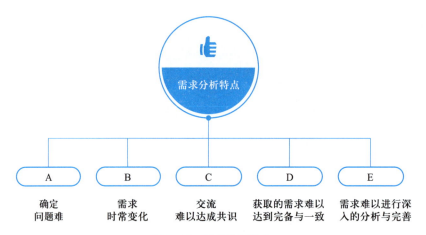

图 5-17　需求分析特点

变化，一些企业可能正处在体制改革与企业重组的变动期或成长期，其企业需求不成熟、不稳定和不规范，致使需求具有动态性。

（3）交流难以达成共识

需求分析涉及的人、事、物及相关因素多，与用户、业务专家、需求工程师和项目管理员等进行交流时，各自的背景知识、角色和角度等不同，使达成共识较难。

（4）获取的需求难以达到完备与一致

由于不同人员对系统的要求认识不尽相同，所以对问题的表述不够准确，各方面的需求还可能存在着矛盾。难以消除矛盾，形成完备和一致的定义。

（5）需求难以进行深入的分析与完善

客户环境和业务流程的改变，市场趋势的变化等，也会随着分析、设计和实现而不断深入完善，可能在最后重新修订软件需求。分析人员应认识到需求变化的必然性，并采取措施减少需求变更对软件的影响。对必要的变更需求要经过认真评审、跟踪和比较分析后才能实施。

5. 需求分析案例

在加工设备调试过程中，出现了设备温度过高，导致工人轻度烫伤的事故，所以应公司要求，设置标准的报警界面，最终实现工业 APP 在线监控设备高温报警的目的。结合与部门的沟通，进行需求分析，最终得出报警信息应包含以下内容：序号、设备名称、报警内容、报警值、报警时间。报警信息的需求通过评审，接下来进行工业 APP 原型设计。

5.2.3　原型设计

微课 5-3
工业 APP 原型设计

原型图能够直观地展示程序的界面以及操作出需要实现的功能，因此原型设计是程序开发必不可少的一部分。原型图有很多种方式实现，可以手绘原型图，也可以用软件制作原型图。原型设计的软件众多，从适用场景分，注重设计中低保真、快速的手机端和 Web 网站场景，适合用 Mockplus、Balsamiq Mockups；注重响应体验设计，适合用 Raw HTML/CSS/JS、UXPin；注重高保真设计（手机或者桌面），适合用 Flinto、Origami；注重特定功能需求，适合用 Adobe After Effects。

> ① Mockplus（摹客）是一款简洁快速的原型图设计工具。适合软件团队、个人在软件开发的设计阶段使用。其特点为低保真、无须学习、快速上手、功能够用，并能够很好地表达自己的设计。
>
> ② Balsamiq Mockups 是一种软件工程中快速原型的建立软件，它支持几乎所有的 HTML 控件原型图，如按钮（基本按钮、单选按钮等）、文本框、下拉菜单、树形菜单、进度条、多选项卡、日历控件、颜色控件、表格、Windows 窗体等。
>
> ③ UXpin 是一款专门为网页端使用的 UI 设计软件。
>
> ④ Flinto 自带的设计元素多，支持 Android，缺点是复杂的动效难以实现，价格较贵且试用时间较短。
>
> ⑤ Origami 是 Facebook 开发的原型设计软件。
>
> ⑥ Adobe After Effects 简称"AE"，是 Adobe 公司推出的一款图形视频处理软件，适用于从事设计和视频特技的机构，包括电视台、动画制作公司、个人后期制作工作室以及多媒体工作室，属于层类型后期软件。

本次以 Axure RP 9 为例进行相关知识的介绍。Axure RP Pro 是一个快速的原型工具，主要是针对负责定义需求、定义规格、设计功能、设计界面的专家，包括用户体验设计师（UX）、交互设计师（UI）、业务分析师（BA）、信息架构师（IA）、可用性专家（UE）和产品经理（PM）。Axure 可以快速进行线框图和原型的设计，向用户进行演示、沟通交流以确认用户需求，并能自动生成规格说明文档。Axure 的优点如下：

- 行业内应用广。
- 有组件库。
- 能完成简单的交互。
- 多人协同，方案版本控制，团队协作方便。

1. Axure 页面布局

Axure 界面布局如图 5-18 所示，相关介绍见表 5-3。

> 若关闭了任何一个区域，可通过主菜单选择"视图"→"重置视图"命令重置。

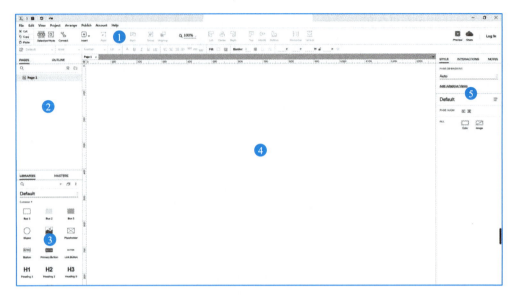

图 5-18 Axure RP 9 页面布局

表 5-3 Axure RP 介绍

序号	名 称	作 用
1	主菜单工具栏	主菜单包括文件、编辑、视图、工程、布局、发布、账户、帮助等功能，执行常用操作，如文件打开、保存、格式化控件、输出原型、输出规格等操作
2	Pages 页面/Outline 概要	页面：所有页面文件都存放在这个位置，可以在这里增加、删除、修改、查看页面，可以通过鼠标拖动调整页面顺序以及页面之间的关系
		概要：展示页面中所有元件的层次关系
3	Libraries 元件库/Masters 母版	元件库：所有软件自带和加载的元件库都在这里，这里可以执行创建、加载、删除 Axure 元件库的操作，也可以根据需求显示全部元件或某一元件库的元件
		母版：这里可以创建、删除像页面头部、导航栏这种出现在每一个页面的元素，可以绘制在母版里面，然后加载到需要显示的页面，这样在制作页面时就不用再重复这些操作
4	主操作界面	绘制产品原型的操作区域，所有用到的元件都拖到该区域
5	Style（样式）/Interactions（交互）/Notes（说明）	样式：设置当前页面样式
		交互：设置当前页面交互
		说明：设置当前页面说明

2. Axure 元件基础操作

Axure RP 9 默认提供 3 套元件库，如图 5-19 所示，包括默认元件库、流程图元件库、图标元件库。可以根据需要进行选择，也可以导入第三方的元件库使用。

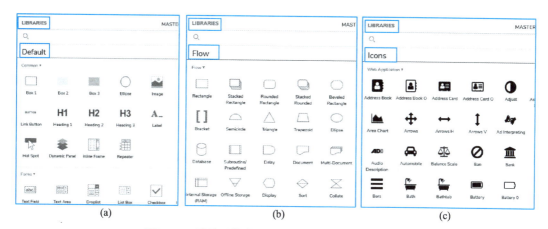

图 5-19　默认元件库、流程图元件库和图标元件库

（1）使用元件

① 使用鼠标从元件库中把元件拖曳到画布。

② 在顶部功能区中，单击"Insert"按钮，在下拉列表中选择对应的图形项目，然后鼠标移入画布区域，按住左键拖动，绘制出对应的图形，如图 5-20 所示。

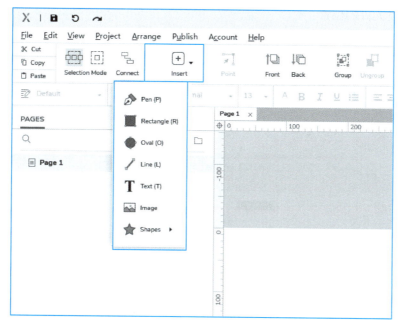

图 5-20　插入功能

（2）选中元件

① 选中单个元件。在画布区域，单击对应的元件即可选中。

② 框选。鼠标移动到画布空白处，拖动鼠标，在形成的正方形区域中框住一个或多个元件，可以实现批量选中。框选有两种模式，相交选中和包含选中。在软件左上角，可以切换框选模式，如图 5-21 所示。相交选中，只要框线碰到的就可以被选中；包含选中，

要完全框住的元件才可以被选中。一般使用相交选中模式。

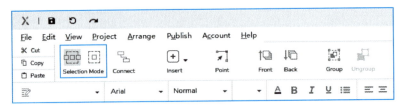

图 5-21　框选模式

③ 选中多个对应的元件。按住 Shift 键，可以连续多选。按住 Shift 键或 Ctrl 键，可以任意多选。这种选择模式，在复杂的原型中非常有用。Ctrl+A 可以全选当前页面的所有元件。

（3）删除元件

选中一个或多个待删除的元件，按 Delete 键，或者 Backspace 键即可。

（4）复制元件

① Ctrl+C 复制，Ctrl+V 粘贴。

② 按住 Ctrl 键，鼠标移动想要复制的元件，然后按住鼠标左键，拖动，可以快速复制一个元件，在需要大量复制元件时效率会非常高。

（5）改变元件的位置

① 选中并拖动对应的元件即可。

② 在顶部"样式"工具栏中设置坐标值，然后按 Enter 键，让元件移动到指定位置，如图 5-22 所示。X 轴是横轴，改变数值可以调整左右的位置。Y 轴是纵轴，用来调整上下的位置。在"STYLE"（样式）标签中也可以设置坐标位置。

图 5-22　元件位置

> 　　同时选中多个未被锁定的元件，在调整多个元件的位置时，顶部工具栏的 XY 值是对整体有效，内部的相对位置是不会变的。"STYLE"（样式）标签中的 XY 值是对每一个元件有效，相对位置会改变。

（6）改变元件的大小

① 选中元件后，元件四周会出现方形手柄。拖动任意手柄即可改变元件的大小。按住 Shift 键，拖动手柄调整尺寸时可以锁定宽高比例。

② 在"样式"工具栏上或者在"STYLE"（样式）标签中调整宽度（W）和高度（H）值也可以改变元件的大小，如图 5-23 所示。选中"锁定"按钮，可以保持宽高比例。调整

其中一个数值时，另外一个会自动填上等比例的数值。

图 5-23　元件大小

说明　调整宽度和高度值时，顶部"样式"工具栏中对应的是整体，右侧"STYLE"（样式）标签中是对应的每一个元件个体。

（7）锁定元件

在对应的元件上，右击，在右键菜单选择"Locking"命令，锁定位置和尺寸，如图 5-24 所示。被锁定的元件选中时边框会变成红色。在改变元件位置或尺寸时，被锁定的元件不会受到影响。

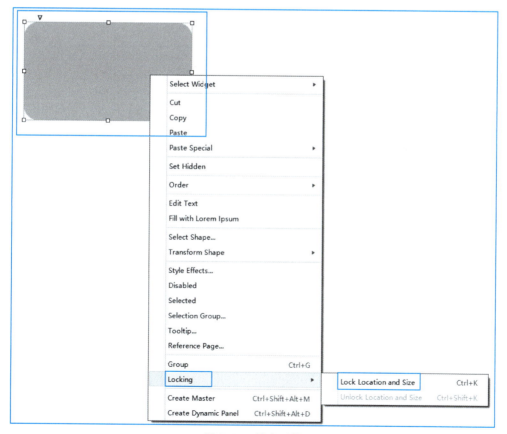

图 5-24　锁定元件

（8）隐藏功能

右击元件，在右键菜单中，选择"Set Hidden"命令即可隐藏元件，如图 5-25 所示。单击"样式"工具栏中的眼睛图标也可以快速隐藏。隐藏是视觉上不可见，会有一个黄色的遮罩效果。但仍然可以被选中，被修改尺寸和位置。

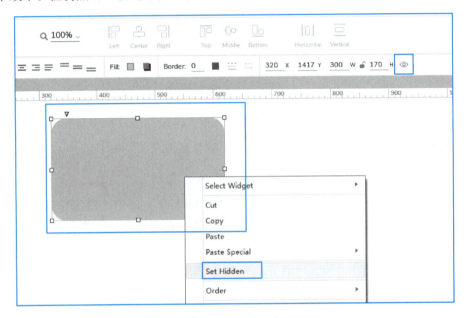

图 5-25　隐藏元件

（9）命名元件

在 Axure 中，如果不给元件命名，系统默认以元件类型命名，如矩形、表格。如果元件上有文字，会以元件上面的前 20 个文字来命名。选中一个元件，在窗口右侧，"STYLE/INTERACTIONS/NOTES"标签的顶部，输入名称即可，如图 5-26 所示。

（10）组合元件

在 Axure 中可以将多个元件组合起来，组合可以被命名，组合可以被当成一个元件来进行交互、调整位置和大小等。组合还可以被当成一个元件再组合，就是说组合中可以包含组合。单击组合里的任何一个元件，会选中整个组合。然后双击其中一个元件，可以选中单个元件，这时可以对单个元件进行编辑。

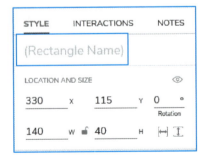

图 5-26　命名元件

① 选中多个元件，在工具栏中单击"Group"按钮即可。选中一个组合，单击"Ungroup"按钮，可以取消组合。

② 选中多个元件，在其右键菜单中，选择"Group"命令即可组合，如图 5-27 所示。选中组合，在其右键菜单中，选择"Ungroup"命令，命令即可取消组合。

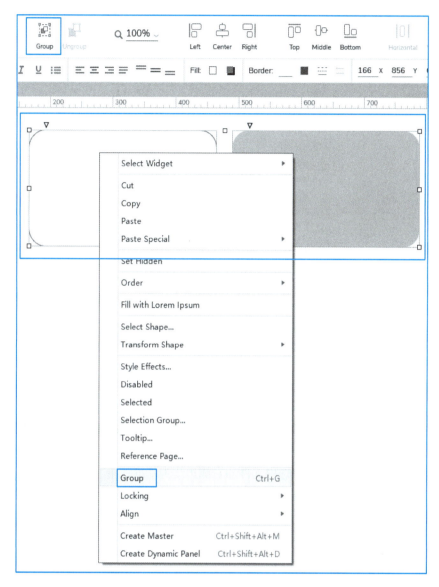

图 5-27　组合元件

（11）元件的层次顺序

拖入画布中的多个元件是按先后顺序进行堆叠的。最先拖入的在最底层，最后拖入的在最上层。如果重叠，下层的元件会被上层的元件遮盖。在概要窗口中，元件的上下位置就代表其层级关系。默认情况下列表最下端的元件就在最底层。

① 选中单个元件，在顶部工具栏中单击"Front"/"Back"按钮（置前/置后），改变其层级关系。

② 选中单个元件，右击，在其右键菜单中，选择"Order"命令，在其级联菜单中选择相应命令，可以调整层级关系，如图 5-28 所示。

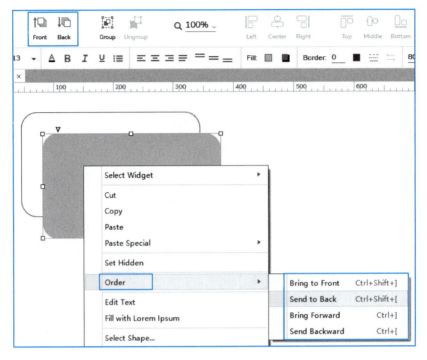

图 5-28　元件的层次顺序

（12）元件的对齐和分布

通过对齐和分布，可以快速对元件的位置进行排列、调整。左侧对齐（Left），以元件左侧边线对齐，对齐位置以第 1 个选中元件的左侧边线为基准；右侧对齐（Right），以元件右侧边线对齐，对齐位置以第 1 个选中元件的右侧边线为基准；垂直中线对齐（Center）、顶部对齐（Top）、底部对齐（Bottom）、水平中线对齐（Middle），原理类似。相关对齐及分布方式如图 5-29 所示。

图 5-29　元件的对齐和分布

至少选中 2 个元件才可以进行对齐操作。至少选中 3 个元件才可以进行分布操作。不然对应的按钮是灰色的。

分布是用来调整 3 个或 3 个以上元件之间的间距的。一般需要先将元件对齐后，再操作分布。水平分布（Horizontal）：选中所有元件，顶部对齐。然后确定最左边和最右边的元件位置。保证所有元件在它们之间能够排开。单击 "Horizontal" 按钮，所有元件就在水平方向等距离排开。

垂直分布（Vertical）：选中所有元件，左对齐。然后确定最上面和最下面元件的位置，保证所有元件能排开。单击"Vertical"按钮，元件则垂直等距离排开。

> 分布是用来排间距的，一定要保证空间能够排开，否则元件会挤到一起。

（13）元件样式

通过画布右边的"STYLE"（样式）标签或者画布上的"样式"工具栏中自定义元件的样式属性。

① 透明度（OPACITY）。调整元件的透明度，0% 为完全透明。这个值是整个元件的透明度，会和文字颜色、填充背景颜色里面设置的透明度叠加，如图 5-30 所示。

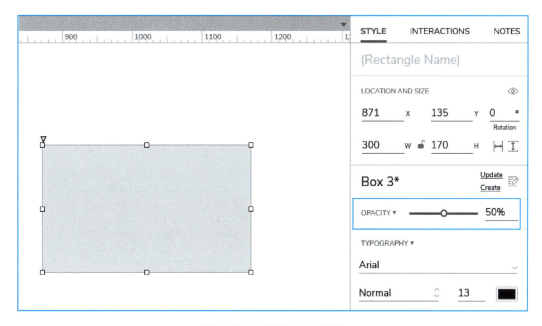

图 5-30　元件样式-透明度

② 文字排版（TYPOGRAPHY）。字体设置可以设置字体、字形、字号、颜色，排版样式可以设置行高、文字间距，如图 5-31 所示。更多设置里还能设置项目符号、斜体、粗体、下划线、删除线、上标和下标、英文大小写切换。

③ 填充（FILL）。颜色填充支持纯色填充，也支持线性渐变和径向渐变填充，如图 5-32 所示。图像填充可以引入一个图片作为元件的背景，并且可以设置填充位置和样式。

④ 边线（BORDER）。可以设置边框或线段的样式，包括颜色、线宽（线宽设置为 0 即为不显示边框）、线形（实线、虚线等 8 种样式可选）。矩形类的元件如图 5-33 所示，可以设置上下左右各条边线的可见性。线段和连接线可以设置箭头样式。

⑤ 阴影（SHADOW）。设置元件的外部阴影或内部阴影，可以自定义阴影位置、模糊度、颜色，如图 5-34 所示。

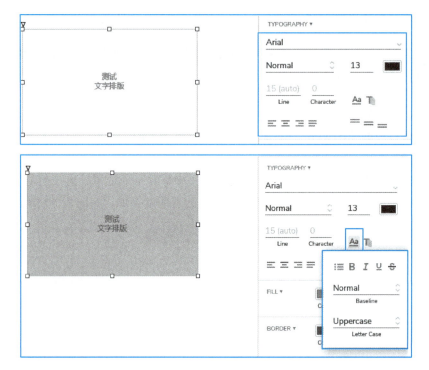

图 5-31　元件样式-文字排版

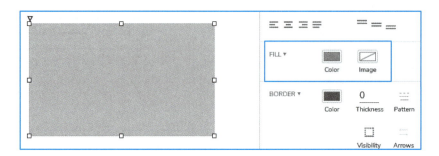

图 5-32　元件样式-填充

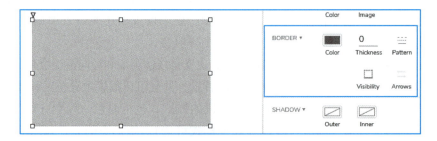

图 5-33　元件样式-边线

⑥ 圆角（CORNER）。在画布右边的"STYLE"（样式）标签中，可以设置矩形类元件的圆角属性。圆角半径数值控制圆角的大小，单位为像素，也可以设置 4 个圆角的可见

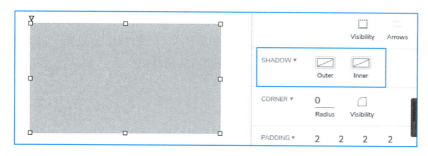

图 5-34　元件样式-阴影

性。在画布中，选中元件，拖动其左上角的黄色三角形把手，也可以改变圆角半径，如图 5-35 所示。

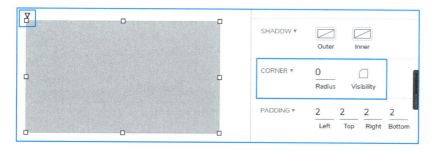

图 5-35　元件样式-圆角

 说明　　边线可见性会影响圆角属性。角对应的两条边线必须都可见，圆角效果才会出现（边线宽度为 0 不影响）。

⑦ 内边距（PADDING）。内边距属性可以控制文字在元件内部的位置。可以分别设置上下左右的参数值，如图 5-36 所示，单位为像素。

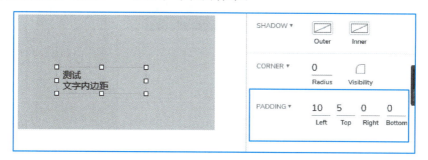

图 5-36　元件样式-内边距

3. Axure 基础功能

（1）交互

在右侧"INTERACTIONS"（交互）标签中，给元件添加用例，让元件动起来。根据元件的类型，可设置不同的事件，在同一事件中自上而下执行所有用例，如图 5-37 所示。

（2）页面对齐

页面的内容在生成原型时在浏览器的左侧或中间。一般情况下是在中间，但是一定要取消选择后，方可以更改页面对齐方式，如图 5-38 所示。

图 5-37　交互　　　　　　　　　　　　　　图 5-38　页面对齐

（3）分割图片

在图片上右击，在其右键菜单中选择"Slice Image"（分割图片），即可分割图片。选择哪部分就分割哪一部分，如图 5-39 所示。

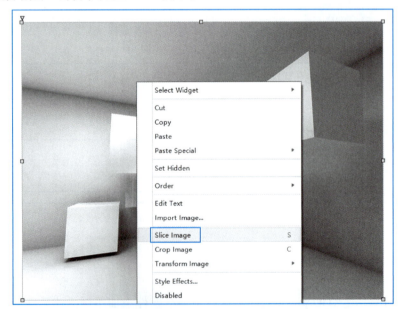

图 5-39　分割图片

4. Axure 案例

本次需要完成环境温湿度、设备综合效率页面的原型设计。具体操作见表 5-4。

表 5-4　设备信息的原型设计操作步骤

序号	操 作 步 骤	图 片 说 明
1	打开 Axure RP 9 软件，单击"New File"按钮	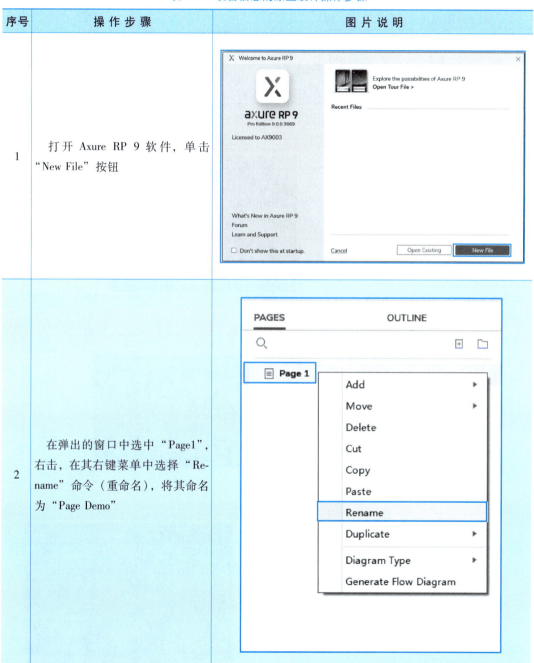
2	在弹出的窗口中选中"Page1"，右击，在其右键菜单中选择"Rename"命令（重命名），将其命名为"Page Demo"	

序号	操 作 步 骤	图 片 说 明
3	在元件库选择"Box1"元件，拖到画布中，在顶部工具栏设置 X 坐标：0，Y 坐标：0，宽度：1080，高度 768	
4	在右侧"STYLE"（样式）标签中，选择"FILL（填充）"→"Color（纯色填充）"，设置 RGB 的值为 5、103、146	
5	在菜单栏选择"Insert（插入）"→"Pen（钢笔）"，在右侧画布中勾勒图案，并选择勾勒的图案，在右侧"STYLE"（样式）标签中选择"FILL（填充）"→"Color（纯色填充）"，设置 RGB 的值为 5、103、146。在右侧"STYLE"（样式）标签中选择"BORDER（边线）"→"Color（纯色填充）"，设置 RGB 的值为 18、57、113。设置"Thickness"（线宽）为 5	
6	在元件库选择 Label（文本）标签，拖到画布中，并输入文本"PAGE DEMO"。在顶部工具栏设置字号：28 磅，颜色：白色	

续表

序号	操作步骤	图片说明
7	在元件库再次选择 Label（文本）标签，拖到画布中，并输入文本"报警日志"。在顶部菜单栏设置字号：18磅，颜色：白色	
8	在元件库中，选择相应图表，拖到画布中，并设置相关信息。在顶部工具栏，单击右侧"Preview"（预览）按钮，查看原型效果	

【任务实施】

5.2.4　页面开发

微课 5-4
工业 APP 页面开发

由于该项目是基于汉云工业互联网平台的设备画像开发，因此，在项目开发之前，先来学习如何使用设备画像—云组态。使用云组态提供的海量组件库可以快速在线绘制各种监控画面，无须安装单独的绘图软件，通过组态编辑器简单地拖曳就可以实现工艺流程图、车间看板、企业大屏等业务场景的快速绘制，支持各种移动端跨平台预览画面，提供工业设备数据在线仿真、实时控制、预警提醒、组态设计等功能，如图 5-40 所示组态画面为云组态画面。

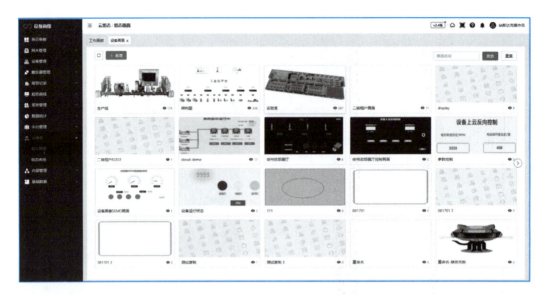

图 5-40　组态画面

1. 组态画面建立与管理

（1）页面布局

新建或打开画面之后，在设计器的顶部会出现工具栏，工具栏中会提供一些常用的功能按钮，如连线、圆形、矩形、多边形、文字、快速对齐、保存、预览、采点统计、文本替换、设备替换、采点替换等，如图 5-41 所示。

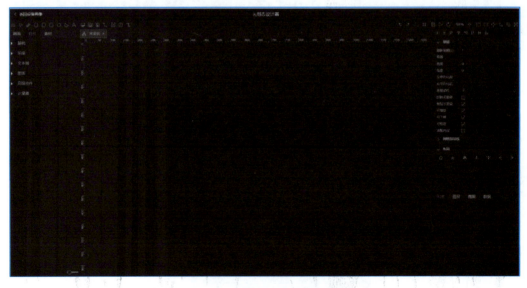

图 5-41　组态画面-页面布局

导航栏指设计器左侧导航部分，该部分分为 3 个标签（画面、控件、素材），选择不同的标签会显示该类别下的内容。单击类别下详细内容时，左侧导航栏底部会显示当前单击内容的路径，并且支持搜索功能。

在打开画面时，设计器右侧展示打开文件的属性栏，通过属性栏可以设置画面或者选中控件可配置的属性，部分控件支持双击显示高级属性窗口，如采点的设置。

视图部分位于设计器右下部分，该部分会显示当前画面的基础信息，包含列表、图层、鹰眼、数据。

（2）控件

组态画面的控件分为基础、环保、文本域、图表、高级控件、计量器，如图 5-42所示。

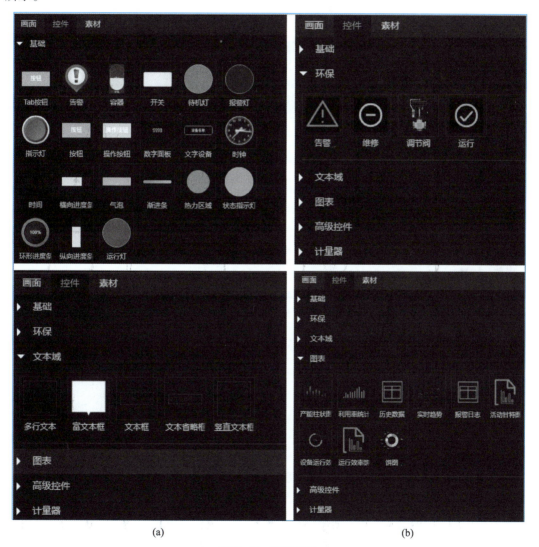

图 5-42　部分组件

在左侧的面板中，有"控件"标签，按照分组显示控件，打开分组，选中控件，可以拖曳到画面上，设置控件的属性等。

（3）基本功能

组态画面是针对租户设备画面相关内容的管理，包含查询、新增、编辑、删除、预览、分享、置首、权限分配等一系列功能。

一级租户对二级租户设备仅支持预览和权限分配。

① 编辑：选中要编辑的设备画面，单击画面图片，"分享""置首""编辑""查看""权限分配""删除"按钮就会出现在画面上，如图 5-43 所示，单击"编辑"按钮即可对画面进行编辑。

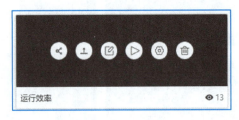

图 5-43　画面按钮

② 分享：单击"分享"按钮，输入租户代码和分享说明，可以分享画面，如图 5-44 所示。多租户之间可以相互分享画面，分享后的画面保存在组态编辑器的"来自分享"文件夹下。

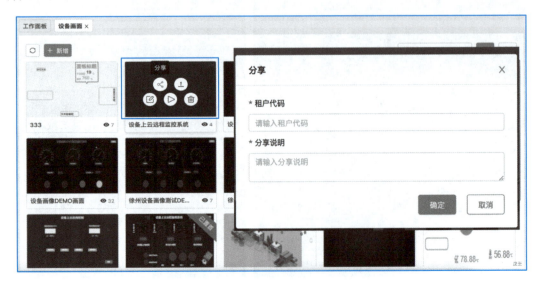

图 5-44　画面分享

③ 置首：单击"置首"按钮，可以将当前画面显示到首页看板的"设备画面"标签下，如图 5-45 所示，被置首的画面"置首"按钮会变为"取消置首"按钮，单击"取消置首"按钮，可以取消画面的置首。

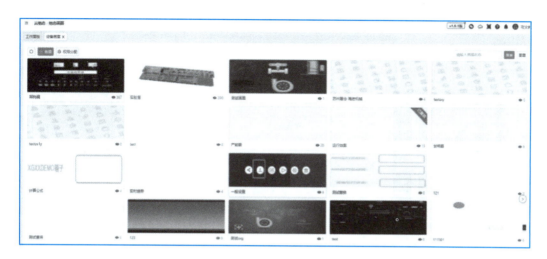

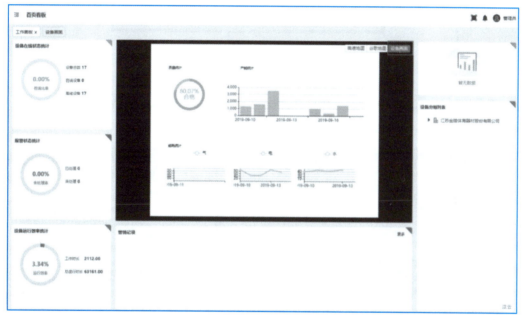

图 5-45　画面置首

④ 权限分配：单击"权限分配"按钮，可给操作人员分配指定的组态画面，如图 5-46 所示。

2. 云组态设计器使用

云组态设计器是一款在线组件设计器，通过简单的拖曳就可以实现工艺流程图、车间看板、企业大屏等业务场景的快速绘制。

设计器支持画面背景设置、图库选择和自定义属性设置（根据各类组件属性不同），提供保存、撤销等常见编辑器操作，支持自定义画布尺寸、比例、是否可以拖曳等画布属性，提供新建画面、打开已经保存的画面功能。

图 5-46　画面权限分配

单击"组态画面"界面的"新增"按钮，可跳转至"云组态设计器"页面，如图 5-47 所示。

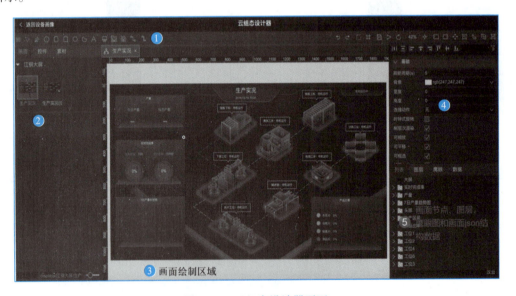

图 5-47　云组态设计器页面

① 新建单个画面：新建单个画面的步骤如图 5-48 所示，第 1 步在左上角单击"菜单"按钮，在弹出的下拉列表中选择"文件"→"新建画面"命令；第 2 步拖曳左侧控件栏下的控件到画面设计区；第 3 步为拖曳到画面设计区的控件绑定设备采点（右击控件即可进行绑定）；第 4 步依次单击"保存"和"运行"按钮，即可完成对单个画面的新建。

图 5-48　新建单个画面

② 批量绘制画面：批量设备快速绘制画面，可以通过画面设备替换和 URL 增加设备编码两种方式绘制。其中画面设备替换单击"设备替换"按钮，在打开的对话框中输入替换设备即可绘制新设备的画面，如图 5-49 所示，URL 增加设备编码是通过 URL 地址绘制画面，如 URL 地址为 "https：//moc. hanyunapp. cn/cloudconfig/custom/previews/display. html？tag = displays/创基/山东鼎梁 . json&machineCode = RT-001"，通过该地址绘制的画面如图 5-50 所示。

图 5-49　设备替换绘制画面

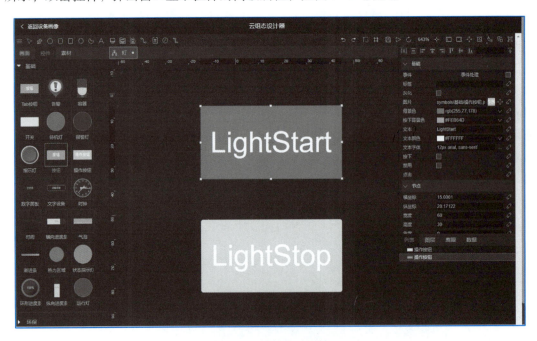

图 5-50 URL 增加设备编码绘制画面

③ 控件属性：单击画面设计区域的控件，右侧面板显示控件的基础属性，如图 5-51 所示；双击控件，弹出窗口显示控件的高级属性，如图 5-52 所示。

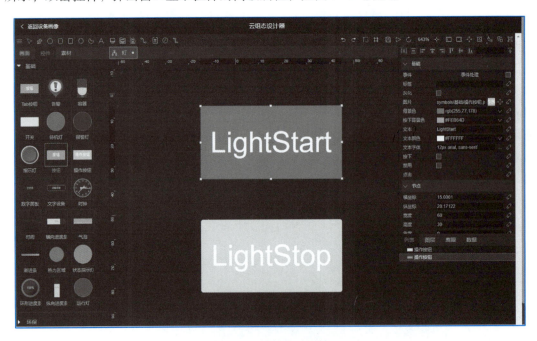

图 5-51 控件基础属性

3. 控件属性设置

弹出的高级属性中，包含一般设置、动态行为、显示设置、状态、图片/文档、音频/视频，其中：

- 一般设置：支持设备采点绑定、数值格式化、简单的 JavaScript 脚本运算、多采点设置、按钮功能跳转、指令下发设置，直播源摄像头绑定等。

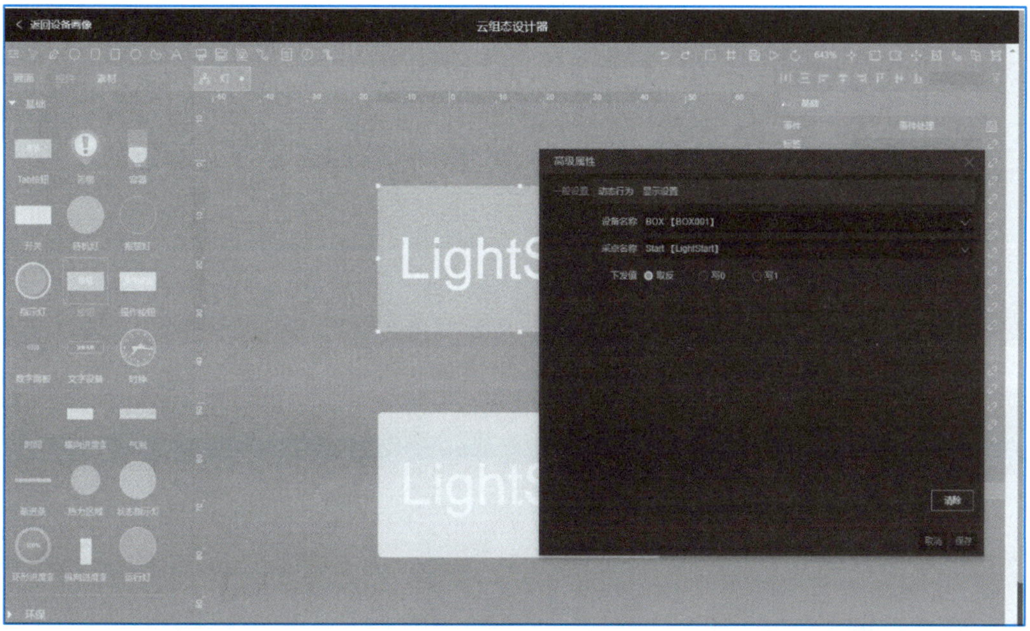

图 5-52 控件高级属性

- 动态行为：支持控件的横向/纵向移动、自转设置，参数可选移动范围、偏移量、转动的频率等。
- 显示设置：支持控件的变色、闪烁、是否可见、管道流动、切换控件形态等。
- 状态：支持开关、指示灯控件形态的选择、在不同状态时显示的控件形态。状态值可修改，完全匹配采点值，灵活设定。
- 图片/文档：支持图片控件的资源设置，可以从系统图库中选择，也可以自定义上传，或者通过外部链接的方式加载图片，文档支持 PDF 文件。
- 音频/视频：支持音频/视频控件的资源设置，可以自定义上传，或者通过外部链接的方式加载资源。

> **说明** 每个控件仅包含一般设置、动态行为、显示设置、状态、图片/文档、音频/视频中的部分高级属性。

① 高级控件，主要是聚焦业务场景，提供设备产能统计、利用率统计、历史数据、实时趋势、报警日志、活动甘特图、运行效率、在线监控等。其中利用率统计是统计设备在近一个月某时间区间内的利用率，如图 5-53（a）所示，高级属性支持设备采点绑定、时间区间设定；实时趋势实时统计设备采点值的变化趋势，如图 5-53（b）所示，高级属性支持设备选择、多采点选择；历史数据统计设备采点近一个月的历史数据，如图 5-53（c）所示，高级属性支持设备选择；报警日志查询当前租户近一个月的设备报警记录，如图 5-53（d）所示。

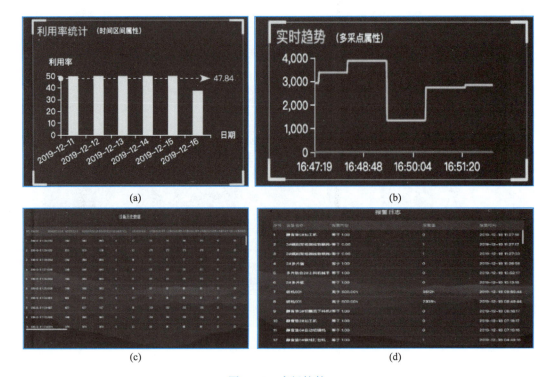

图 5-53　高级控件

② 组态市场，是用于查看系统已发布的组态控件，如图 5-54 所示，可查询、订阅、预览控件分组。

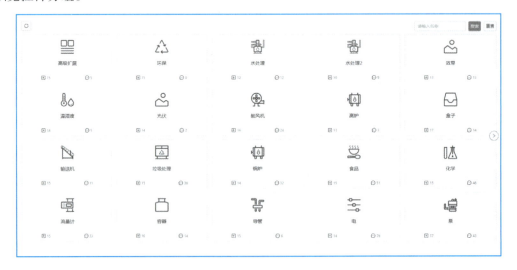

图 5-54　组态市场

单击"搜索"按钮，可输入名称查看控件分组信息；单击"订阅"按钮（若某控件分组中的控件均已订阅，则不显示该按钮），可订阅该控件分组中已发布的所有控件；单击"预览"按钮，可预览控件分组中的控件。

4. 页面开发应用

页面开发详细步骤见表 5-5。

表 5-5 页面开发案例步骤

序号	操 作 步 骤	图 片 说 明
1	打开云组态-组态画面，单击"新增"按钮。在弹出的页面左上角的 3 条横线是菜单，单击菜单，选择"文件"→"新建画面"命令	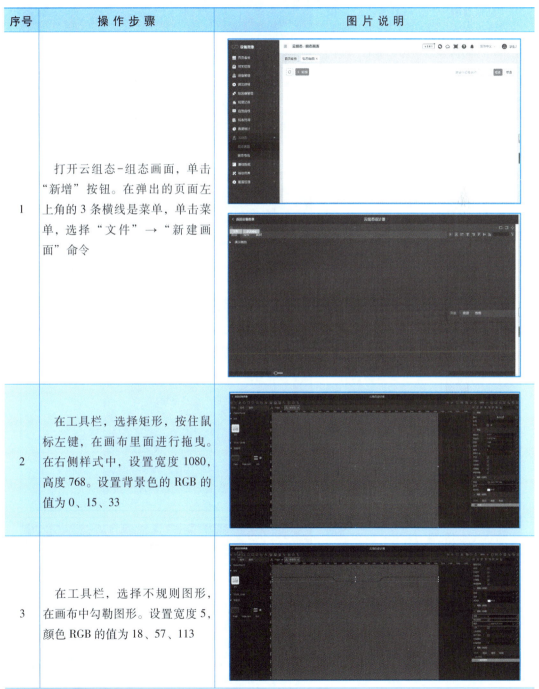
2	在工具栏，选择矩形，按住鼠标左键，在画布里面进行拖曳。在右侧样式中，设置宽度 1080，高度 768。设置背景色的 RGB 的值为 0、15、33	
3	在工具栏，选择不规则图形，在画布中勾勒图形。设置宽度 5，颜色 RGB 的值为 18、57、113	

续表

序号	操 作 步 骤	图 片 说 明
4	在左侧导航栏选择"控件"→"文本域",选择"文本框",拖曳到画布中。在右侧属性栏,单击内容对应的"…"按钮,在弹出的页面输入"设备信息",单击"确定"按钮。单击字体对应的"…"按钮,在弹出的页面设置字号为 28 磅,单击"确定"按钮。设置颜色 RGB 的值为 255、255、255	
5	在左侧导航栏选择"控件"→"图表",选择"环形进度条"控件,拖曳到画布中,并调整大小	
6	双击控件,弹出"高级属性"窗口。配置相应的设备名称、采点名称、值类型、格式类型、计算公式等信息 　　(提示:toFixed(2)意为保留两位小数。)	
7	参考步骤 4,添加文本框"设备运行效率"	

续表

序号	操 作 步 骤	图 片 说 明
8	在左侧导航栏选择"控件"→"图表"，选择"实时趋势"控件，拖曳到画布中，并调整大小	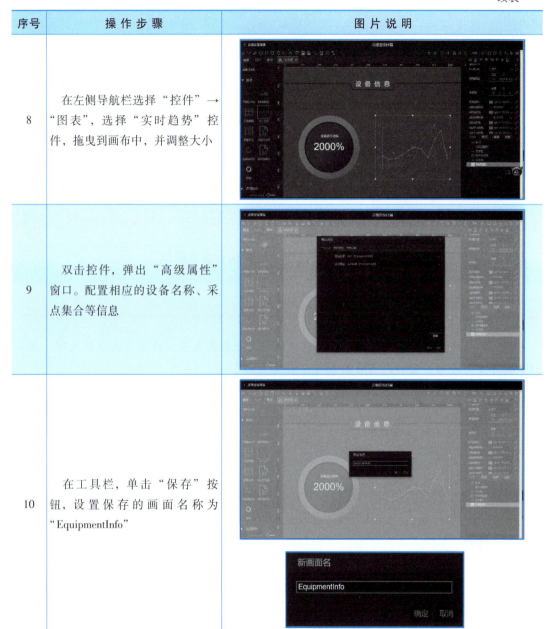
9	双击控件，弹出"高级属性"窗口。配置相应的设备名称、采点集合等信息	
10	在工具栏，单击"保存"按钮，设置保存的画面名称为"EquipmentInfo"	

【任务回顾】

【知识点总结】

1. 工业 APP 开发路径：需求分析，可行性分析，方案设计，技术选型，开发封装，测试验证，应用改进。

2. 需求分析内容：功能性需求，非功能性需求，设计约束。

3. 需求分析方法：功能分解方法，结构化分析方法，信息建模方法，面向对象的分析方法。

4. 原型设计有很多种实现方式，如手绘原型图、软件制作原型图等。原型设计的软件众多，适用于不同的场景。

【思考与练习】

试制作一页面，展示机床 X 轴、Y 轴、Z 轴坐标。

任务 5.3　工业 APP 发布

微课 5-5
工业 APP 发布

【任务描述】

工业 APP 开发完成后，需要发布并进行功能测试和数据验证。

工业 APP 的发布流程是怎样的？

功能测试和数据验证要怎么进行？

以上这些问题，都将在本任务中得到解答。

至此，经过网络设备部署、工业数据采集、工业数据上云、数据在云端的处理、工业 APP 的开发与发布，最初的项目需求得以实现。

【知识学习】

5.3.1　发布流程

工业 APP 的发布流程如图 5-55 所示。详细介绍如下。

① 开发人员构建项目，从 Nexus 下载项目依赖包，开发代码，提交代码。

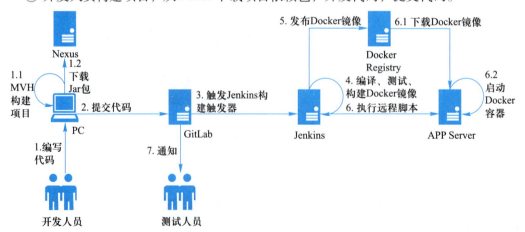

图 5-55　工业 APP 发布流程图

②代码提交到 GitLab，通知测试人员准备发版测试，测试人员使用 Jenkins 构建触发器。

③Jenkins 执行编译，打包流程，构建 Docker 镜像，发布 Docker 镜像到 Harbor。

④测试人员执行远程脚本，从仓库下载 Docker 镜像后，启动 Docker 容器，发布完成。

①Nexus 是先进的多学科多目标优化软件，它融合了试验设计、近似模型和优化设计三大功能方法，把大量需要人工完成的工作由软件实现自动化处理，对方案优选、缩短产品设计周期、提高工作效率等具有重要意义。

②GitLab 是一个用于仓库管理系统的开源项目，使用 Git 作为代码管理工具，并在此基础上搭建起 Web 服务。

③Jenkins 是一个开源软件项目，是基于 Java 开发的一种持续集成工具，用于监控持续重复的工作，旨在提供一个开放易用的软件平台，使软件的持续集成变成可能。

④Docker 是一个开源的应用容器引擎，让开发者可以打包他们的应用以及依赖包到一个可移植的镜像中，然后发布到任何流行的 Linux 或 Windows 机器上，也可以实现虚拟化。容器是完全使用沙箱机制，相互之间不会有任何接口。

⑤Harbor 是构建企业级私有 Docker 镜像仓库的开源解决方案，它是 Docker Registry 的更高级封装。

5.3.2　功能测试

功能测试（Functional Testing）就是对产品的各功能进行验证，根据功能测试用例，逐项测试，检查产品是否达到用户要求的功能。根据产品特性、操作描述和用户方案，测试一个产品的特性和可操作行为以确定它们满足设计需求。本地化软件的功能测试，用于验证应用程序或网站对目标用户能正确工作。使用适当的平台、浏览器和测试脚本，以保证目标用户的体验将足够好。

根据软件说明或用户需求验证工业 APP 的各个功能实现，采用如下方法实现并评估功能测试过程：

①采用时间、地点、对象、行为和背景五元素或业务分析等方法分析、提炼工业 APP 的用户使用场景，对比说明或需求，整理出内在、外在及非功能直接相关的需求，构建测试点，并明确测试标准，若用户需求中无明确标准可遵循，则需要参考行业或相关国际标准或准则。

②根据被测功能点的特性列出相应类型的测试用例对其进行覆盖，如涉及输入的地

方需要考虑等价、边界、负面、异常或非法、场景回滚、关联测试等测试类型。

　　③ 在测试实现的各个阶段跟踪测试实现与需求输入的覆盖情况，及时修正业务或需求理解错误。

【任务实施】

5.3.3　一键发布

　　此项目是基于汉云工业互联网平台的设备画像—云组态开发，出于"让设备快速上云"的定位，支持一键发布。APP 页面开发完成后，即可一键发布，供 Web 端与手机端远程使用，其操作步骤见表 5-6。

表 5-6　一 键 发 布

1	在工具栏，单击"预览"按钮	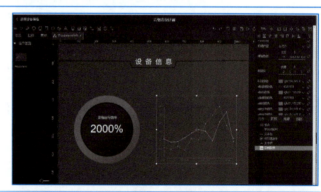
2	云组态页面即开始运行	

 说明　　在工具栏，单击微信图标，扫描二维码关注设备画像公众号，即可在手机端查看设备画像内容。但此功能仅在公有云实现。

【任务回顾】

【知识点总结】

1. 工业 APP 发布流程

① 开发人员构建项目，从 Nexus 下载项目依赖包，开发代码，提交代码。

② 代码提交到 Gitlab，通知测试人员准备发版测试，测试人员使用 Jenkins 构建触发器。

③ Jenkins 执行编译，打包流程，构建 Docker 镜像，发布 Docker 镜像到 Harbor。

④ 测试人员执行远程脚本，从仓库下载 Docker 镜像后，启动 Docker 容器，发布完成。

2. 功能测试的定义：对产品的各功能进行验证，根据功能测试用例，逐项测试，检查产品是否达到用户要求的功能。

3. 在汉云工业互联网平台的设备画像—云组态中，可实现工业 APP 的一键发布。

【思考与练习】

结合本教材内容，试阐述，为何不能在私有云模式下实现手机端微信公众号查看页面？

【项目总结】

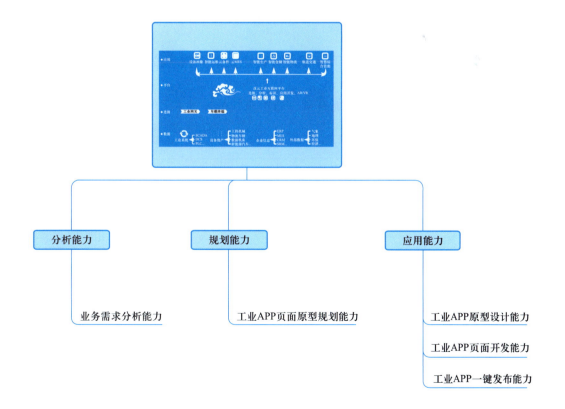

参考文献

［1］魏毅寅．工业互联网：技术与实践［M］．北京：电子工业出版社，2017．

［2］李颖，尹丽波．虚实之间：工业互联网平台兴起［M］．北京：电子工业出版社，2019．

［3］张学军，王保平．工业互联网浪潮［M］．北京：中信出版社，2019．

［4］通用电气公司（GE）．工业互联网：打破智慧与机器的边界［M］．北京：机械工业出版社，2015．

［5］姜雨，于波．图说工业互联网：人机连接的智能工业新时代［M］．北京：人民邮电出版社，2020．

［6］王建伟．决胜安全：构筑工业互联网平台之盾［M］．北京：电子工业出版社，2019．

［7］汤晓鸥，陈玉琨．人工智能基础：高中版［M］．上海：华东师范大学出版社，2018．